U0933281

犹太人教子枕边书

龚俊恒　编著

中华工商联合出版社

图书在版编目（CIP）数据

犹太人教子枕边书 / 龚俊恒编著 . -- 北京 : 中华工商联合出版社 , 2017.11（2021.6 重印）

ISBN 978-7-5158-2115-3

Ⅰ . ①犹…　Ⅱ . ①龚…　Ⅲ . ①犹太人—家庭教育　Ⅳ . ① G78

中国版本图书馆 CIP 数据核字（2017）第 247217 号

犹太人教子枕边书

编　　著：龚俊恒
责任编辑：林　立
装帧设计：北京东方视点数据技术有限公司
责任审读：魏鸿鸣
责任印制：迈致红
出版发行：中华工商联合出版社有限责任公司
印　　刷：唐山富达印务有限公司
版　　次：2018 年 7 月第 1 版
印　　次：2021 年 6 月第 2 次印刷
开　　本：710mm × 1020mm　1/16
字　　数：190 千字
印　　张：16
书　　号：ISBN 978-7-5158-2115-3
定　　价：78.00 元

服务热线：010-58301130
销售热线：010-58302813
地址邮编：北京市西城区西环广场 A 座
19-20 层，100044
http: //www.chgslcbs.cn
E-mail: cicap1202@sina.com（营销中心）
E-mail: gslzbs@sina.com（总编室）

Preface 前言

犹太民族一直以人才辈出闻名于世界。伟大的政治思想家马克思、无产阶级革命导师列宁、著名心理学家弗洛伊德、伟大科学家爱因斯坦、西班牙画家毕加索、英国经济学家大卫·李嘉图、美国石油大王洛克菲勒、金融大亨索罗斯、华尔街金融巨头摩根……这些在各领域成就辉煌、享誉国际的名人都是犹太裔。第二次世界大战后，美国诺贝尔奖的获得者大约有一半是犹太人，从诺贝尔奖设立以来，全世界的获奖者中大约有22%是犹太人，而从人口总数来看，全世界犹太人最多的时候只有1500万。可见犹太人非凡的创造力。

众所周知，犹太民族是一个苦难深重的民族，在这个民族4000多年的历史中，有2000多年他们没有家园，流离失所。在第二次世界大战中，600多万犹太人死于纳粹魔掌之下。然而，这样一个在夹缝中求生的民族，却为世界文明做出了巨大的贡献，在经济、科技、思想、文化、教育、服务等各个领域中，他们的地位都举足轻重。甚至有人断言：没有犹太人，世界的历史将会重写。犹太人如此卓越的根源究竟在哪里呢?

世界专家们一致认为：犹太人对家庭教育的高度重视，是犹太人获得如此巨大成就的根本原因。重视亲子教育，是犹太民族最为突出的优良传统。犹太民族在求知、交友、处世、自我修养等各方面的良好传统使他们具备了卓越超群的文化素养。犹太民族将知识和智慧视为自己真正能掌握的财富，他们有着宗教般虔诚的求知好学精神，不仅严于律己，而且将学习、生活、做人、经商等各个方面的智慧精华教给他们的孩子。犹太人的教育不但使犹太人精明、富有，而且还使犹太人不管流落于世界任何一个地方，都能如鱼得水般地开创他们的事业。犹太人相信，良好的家庭教育是世界的希望所在，前述犹太世界名人的成功，无一不得益于他们父母进行的早期教育及对家庭教育的巨大投资和执着追求。独到的家庭教育造就了无数精英，熔铸了民族之魂，托起了美好希望，这就是犹太民族的成功秘诀。

随着社会的进步，人们对教育尤其是素质教育越来越重视，作为孩子的家长更是关心孩子成长。对于正在成长中的孩子来说，如何去设计、创造未来的成长之路，从很大程度上说，决定权掌握在孩子的父母手中。

Contents 目录

目 录

第一章

坚守信念：成就人生的不竭动力

别让任何人偷走你的梦

对孩子的梦想要支持，而不可用冷嘲热讽将之摧毁。鼓励孩子坚持自己的梦想，不因他人而轻易改变。

美国某个小学的作文课上，老师给小朋友的作文题目是“我的志愿”。一位犹太小朋友非常喜欢这个题目，便在他的簿子上，飞快地写下他的梦想。他希望将来自己能拥有一座占地十余公顷的庄园，在壮阔的土地上植满如茵的绿草。庄园中有无数的小木屋、烤肉区及一座休闲旅馆。除了自己住在那儿外，还可以和前来参观的游客分享自己的庄园，有住处供他们歇息。

写好的作文经老师过目，这位小朋友的簿子上被划了一个大大的红“×”，发回到他手上，老师要求他重写。小朋友仔细看了看自己所写的内容，并无错误，便拿着作文簿去请教老师。

老师告诉他：“我要你们写下自己的志愿，而不是这些如梦呓般的空想，我要实际的志愿，而不是虚无的幻想，你知道吗？”

小朋友据理力争：“可是，老师，这真的是我的梦想啊！”

老师也坚持："不，那不可能实现，那只是一堆空想，我要你重写。"

小朋友不肯妥协："我很清楚，这才是我真正想要的，我不愿意改掉我梦想的内容。"

老师摇头："如果你不重写，我就不让你及格了，你要想清楚。"

小朋友也跟着摇头，不愿重写，而那篇作文也就得到了大大的一个"E"。

事隔30年之后，这位老师带着一群小学生到一处风景优美的度假胜地旅行，在尽情享受无边的绿草，舒适的住宿及香味四溢的烤肉之余，他望见一名中年人向他走来，并自称曾是他的学生。这位中年人告诉这位老师，他正是当年那个作文不及格的犹太学生，如今，他拥有这片广阔的度假庄园，真的实现了儿时的梦想。老师望着这位庄园的主人，想到自己30余年来的教师生涯，不禁感叹："30年来我为了自己，不知道用成绩改掉了多少学生的梦想。而你，是唯一保留自己的梦想没有被我改掉的人。"

《塔木德》中说：不要让任何人偷走你的梦想，因为只有你才对自己的梦想享有发言权。你认为它值得追随，值得实现，它便具有了那份意义。并且，不要让现实篡改了你的梦想，不要因为困难轻易放弃。经过努力而没有实现梦想的人并不算失败，因为他心底的坚持使他更值得被人尊敬。

成功并不像你想象的那么难

并不是因为事情难我们不敢做，而是因为我们不敢做事情才难的。

1965年，一位犹太学生到剑桥大学主修心理学。在喝下午茶的时候，他常到学校的咖啡厅或茶座听一些成功人士聊天。这些成功人士包括诺贝尔奖获得者、某一些领域的学术权威和一些创造了经济神话的人，这些人幽默风趣，举重若轻，把自己的成功都看得非常自然。时间长了，他发现，在国内时，他被一些成功人士欺骗了。那些人为了让正在创业的人知难而退，普遍把自己的创业艰辛夸大了，也就是说，他们在用自己的成功经历吓唬那些还没有取得成功的人。

作为心理系的学生，他认为很有必要对犹太成功人士的心态加以研究。1970 年，他把《成功并不像你想象的那么难》作为毕业论文，提交给现代经济心理学的创始人威尔·布雷登教授。布雷登教授读后，大为惊喜，他认为这是个新发现，这种现象虽然在东方甚至在世界各地普遍存在，但此前还没有一个人大胆地提出来并加以研究。惊喜之余，他在给以色列首脑的信中说："我不敢说这部著作对你有多大的帮助，但我敢肯定它比你的任何一个政令都能产生震动。"

后来这本书果然伴随着以色列的经济起飞了。这本书鼓舞了许多人，因为他们从一个新的角度告诉人们，成功与"劳其筋骨，饿其体肤"、"三更灯火五更鸡"、"头悬梁，锥刺股"没有必然的联系。只要你对某一事业感兴趣，长久地坚持下去就会成功，因为你有足够的时间和智慧去圆满做完一件事情。

人世中的许多事，只要想做，都能做到，该克服的困难，也都能克服，用不着什么钢铁般的意志，更用不着什么技巧或谋略。告诉你的孩子：只要一个人还在朴实而饶有兴趣地生活着，他终究会发现，大多事都是水到渠成的。

成功的捷径

成功其实没有所谓捷径可循，唯一的办法是脚踏实地的努力奋斗，聚沙成塔，集腋成裘。

大卫统治时期，犹太国有个叫奈哈松的人，一心想成为一个富翁。他觉得成为富翁的最短的捷径便是学会炼金之术。

此后他把全部的时间、金钱和精力，都用在了炼金术的实验中了。不久以后他花光了自己的全部积蓄，家中变得一贫如洗，连饭都没得吃了。妻子无奈，跑到父亲那里诉苦。她父亲决定帮女婿改掉恶习。

他让奈哈松前来相见并对他说："我已经掌握了炼金之术，只是现在还缺少一样炼金的东西……"

"快告诉我还缺少什么？"奈哈松急切问道。

"那好吧，我可以让你知道这个秘密。我需要3公斤香蕉叶的白色绒毛。这些绒毛必须是你自己种的香蕉树上的。等到收齐绒毛后，我便告诉你炼金的方法。"

奈哈松回家后立刻将已荒废多年的田地种上了香蕉。为了尽快凑齐绒毛，他除了种以前就有的自家的田地外，还开垦了大量的荒地。当香蕉成熟后，他便小心地从每张香蕉叶下收刮白绒毛。而他的妻子和儿女则抬着一串串香蕉到市场上去卖。就这样，10年过去了。奈哈松终于收集够了3公斤绒毛。这天，他一脸兴奋地拿着绒毛来到岳父的家里，向岳父讨要炼金之术。

岳父指着院中的一间房子说："现在你把那边的房门打开看看。"

奈哈松打开了那扇门，立即看到满屋金光，竟全是黄金，她的妻子儿女都站在屋中。妻子告诉他这些金子都是他这10年里所种的香蕉换来的。面对着满屋实实在在的黄金，奈哈松恍然大悟。

如果把捷径理解为一蹴而就的话，成功是没有捷径可以走的；如果把捷径理解为到达成功最短的距离的话，成功的捷径就是我们脚踏实地的奋斗，扎扎实实的努力！

成功路上的相对论

把长远的目标分成一个个短期小目标，这样实行起来就不会感到过于艰难，可以轻松地从一个胜利走向另一个胜利。

美国专栏作家弗兰克·A.格拉顿年轻时深受英国作家威廉·科贝特的影响，辞掉了报社的工作，一头扎进创作中去。由于没有收入，连房租都交不起。白天，为了躲避房东催交房租，只好漫无目的地在马路上走来走去，何时才能写出自己的鸿篇巨著呀，他感到有些绝望。

一天，在42号街遇到了他当记者时曾采访过的俄国著名犹太歌星夏里宾先生，没想到这位名噪一时的人物还记得他。格拉顿忍不住向夏里宾倾诉了自己的苦恼，夏里宾听过之后，对他说："我的旅馆在103号街，跟我一同过去，好不好？"

"什么，103号街？我怎么可能一下子走这么远的路？"格拉顿惊叹道。

"是呀，从这里到103号街要过60个街口，少说也要走上两个多小时！"夏里宾换了一种口气说，"我们不到我的旅馆了，咱们向前走，过6条街，到贝里射击游艺场玩玩怎么样？"

夏里宾的这番话打消了格拉顿的顾虑，他们到了游艺场门口，看了一会儿两名屡次射击不中目标的水兵。然后继续前进，不一会儿就到了长纳奇大戏院，“现在离中央公园只有 5 条横马路了，我们去看看那只奇怪的猩猩吧！”夏里宾愉快的话语让格拉顿感到说不出的轻松……就这样走走停停，不知不觉间已到了 103 号街。原该精疲力竭的他，却并没感到一点累。格拉顿掏出怀表看了看，时间已过去了将近 4 个小时。

夏里宾先生满意地对他说，“并不太远吧。现在我们到我旅馆附近的餐馆去吃饭吧。”在餐桌上，格拉顿听到了让他终生难忘的一席话，“今天走的路你要记在心里，你无论与你的目标之间有多远，也要学会轻松地走路，只有那样，在走向目标的过程中，才不会感到烦闷，才不会被遥远的未来吓住。”

轻松地走路，轻松地享受生活。我们没有必要不断告诫自己马不停蹄日以继夜地朝目标赶路，有时候我们树立目标本身就只是为了确定一条我们到达它的线，怎样去走，才是我们真正要思考的。生活并不是为了追求赶路的疲惫，那样无异于南辕北辙，赶得再累，也难以达到生活的真谛。让我们的生活变得轻松而自在，生活并不是沉重的负担。

登山人的选择

人生就是一次登山的旅程，从哪条路上山，完全在于你自己的选择。每一条路上都有自己独特的风景，既然走过了，就不必后悔。

在迦南，有一座山，高耸入云，飞鸟难越，没有人知道它有多高。山前山后有两条路可供攀登，前山大路石级铺就，笔直坦荡；后山小路，荆棘丛生，蜿蜒曲折。

一天，希伯来人中的三父子来到山脚。父亲举手遮阳，眺望峰顶，声如洪钟：“你俩比赛爬上这山；上山有两条路，大路平而近，小路险而远——选择哪条路，你们自己裁夺。”哥俩思忖再三，各自凭着自己的选择，踏上征程。

时间过去了两个月，一个身着亮装的身影出现在峰顶，哥哥走来了。他面色潮红，略显发福，头发油光可鉴。他骄傲地掸了一下笔挺的襟袖，走向充满期待的父亲，说：“我赢了，我赢了！这一路真是春风得意。在坦荡的大路上我只需向前，向前！舒缓的坡度让我走得从容，平整的石阶使我心旷神怡。这里没有岔道让我伤神，没有突出的山石给我绊脚。我的心灵没有欺骗我，是英明的选择助我胜利。实践证明：在平坦和崎岖间，只有傻瓜才会放弃平坦，选择崎岖。聪明的选择使我有了多么得意的旅程啊。我获得了胜利，我理当获得胜利！”

父亲慈祥地看着他：“你选择得的确聪明，一路走得也十分风光，我的好儿子……”

这之后不知过了多久，又一个身影出现了：他步伐稳健，全身充满着生命的活力；尽管瘦削，衣衫褴褛，但双目炯炯有神，透着聪慧与睿智。弟弟微笑着走向父亲和哥哥，从从容容地讲起路上的故事：“哦，这是多么有意义的一次旅程！感谢您，父亲，感谢您给我选择的机会。一路上陡峭的山崖阻挡着我攀爬的脚步，丛生荆棘刺破了我裸露的臂膊，疲惫的身心增添着孤独的酸楚。但我坚持住了，我终于学会了灵活与选择，学会了机敏与自护，学会了独立与坚忍。路边美丽景色，使我放慢脚步享受自然的馈赠。在山脚下，我看见山花烂漫，彩蝶翩翩，于是我与山花同歌伴彩蝶共舞。在山腰，我看见绿草如茵，华木如盖，清澈的小溪静静流淌在林间，朝圣的百鸟尽情放歌于林梢。我拥抱自然的和弦，追逐欢快的节奏。这些往往是我最快乐的时光。可更多的时候是阴冷浓雾的环抱，荆榛丛棘的阻隔。放眼望去，黄叶连天，衰草满路，但我在黄叶林中看到丰硕的果实，从衰草丛内悟出新生的希望。

“我感觉自已在成熟，一点点地成熟。再往上，是没有一点生机的寒风和石砾，我曾想放弃，但曾经的艰辛温暖着我，启迪着我，给我力量，给我信心，使我忘掉比艰险更艰险的死寂，抛掉比痛苦更痛苦的迷茫！我最终到达了这里！一路上，我阅尽山间春色，也饱尝征途冷暖，为此，我感谢您，父亲，感谢您给我选择的权利，我从自已心灵的选择中懂得了很多很多……”

哥哥眼中露出不解，但旋即消失，他不无轻蔑地说：“可是你输了！”“是的，”父亲遗憾地说，“孩子，你输掉了比赛……”

弟弟极目远方，脸上露出平和的微笑：“但，我赢得了人生！”

凡走过，必留下痕迹。人生，没有任何过程是白费的，包括所有的辛苦、泪水、心酸，每一笔都会增加你未来成功的光彩。人生就是这样，正是因为崎岖才更多了几分韵味，才更显得其丰富。平坦纵然快捷，但却无法与崎岖之丰富相比。人生之崎岖往往于其崎岖之中包含智慧和成熟。顺境和逆境是书写人生的两张纸，相互承载了人生的酸甜苦辣。顺境和逆境共同承托起追求人生的更高境界。

你就是自己的上帝

每个人身内都埋藏着无限的潜能，只要充满自信，充分发挥潜能，你就没有做不到的事情。

有个贫穷的犹太工人在帮农场主人工作，搬运东西时，不小心打破了一个花瓶。农场主人看见后，要求他一定要赔偿，但是三餐都成问题的工人，哪里赔得起这么昂贵的花瓶？

苦恼的工人只好到教堂，向神父请教解决的办法。

神父听完工人的问题，他说："听说有一种能将碎花瓶粘好的技术，不如你去学习这种技术，只要能将这个花瓶修补、复原，事情不就解决了？"

工人听完后却摇了摇头，说："哪有这么神奇的技术？要把这个碎花瓶粘得完好如初，根本是不可能的事。"

神父指引他说："这样吧！教堂后面有一个石壁，上帝就待在那里，只要你对着石壁大声说话，上帝便会答应你的要求，去吧！"

于是，工人来到壁前，大声对着石壁说："上帝，请您帮帮我，只要您愿意帮助我，我相信，我一定能将花瓶粘好！"

工人的话一说完，上帝便立即回应他："一定能将花瓶粘好！"

工人真的听见了上帝的承诺，于是，他充满自信地向神父辞别，朝着"复原花瓶"的高超技术迈进。

一年以后，经过认真学习与不懈努力，他终于学会了粘贴碎花瓶的技术。结果他将农场主人的花瓶复原得天衣无缝，令人赞叹！

这天，他将花瓶送还给农场主人后，再次来到教堂，准备向上帝道谢，谢谢他给予的帮助与祝福。

神父将他再次带到教堂后面的石壁前，并笑着对诚恳的工人说："其实，你不必感谢上帝。你真正要感谢的人，是你自己啊！因为，这里根本就没有上帝，这块石壁具有回音的功能，当时你听到的'上帝的声音'，其实就是你自己的声音啊！而你，就是你自己的上帝。人要勇敢地做自己的上帝，因为真正能主宰自己命运的人，不是别人而是我们自己。当你相信自己能够改变命运时，步伐便会慢慢地移动，一步步地实现心中的愿望。你的潜能就在你的身上，你的未来也掌握在你的手中，一切都等待着你开始行动，实现每一项‘不可能的任务’。”

犹太小说家菲茨杰拉德曾经写过一段值得我们深思的感叹：“在我们18岁的时候，信念是我们站在上面眺望的山头，但是到了45岁，我们的信念就成了藏身的山洞。”你还在等待别人的帮助吗？或者期望上帝赋予的“神奇力量”？别再等待了，因为只有你，才能将身上的潜能发挥出来，也只有你，才能主宰自己的命运。

向生活索取一个梦想

不要因为贫穷就抑制自己正常合理的欲望，大胆地向生活要求自己的所需，并为之努力地付出，你的境遇将不断得到改变。

故事传到中国，人们已经忘记了她那冗长拗口的美国犹太人名字，都亲切地叫她阿济。阿济退休前，是美国的财政部长。

当阿济还是一个小姑娘的时候，脑海里就一直有一个问题萦绕不去：为什么别的孩子都跟爸爸妈妈生活在一起，而自己只能跟妈妈一起生活呢？她一遍又一遍地想，但总是不明白。她问她的妈妈，一次又一次地，但妈妈总是不回答她。她妈妈是个聋子，压根听不见她的话。

阿济入学了。她用最先学到的几个单词拼写了一句稚嫩的话，并把她写在纸上给妈妈看：我的爸爸在哪里？

妈妈接过阿济手中的笔，写道：你没有爸爸。

阿济接着问：为什么？

妈妈略顿了一顿，写下这样一句话：因为你是个特别的孩子。

阿济很高兴。她要为自己的“特别”格外努力。她认为自己了不起。

但当她真正地懂事后，她才知道，她得为这个“特别”付出多大的代价！

首先是周边同学的压力，大家都说她来自于一个不健全的家庭。这还不算什么，更难忍受的是贫困。别的孩子有的，她都没有。她于是盼着过圣诞节，因为她相信，那天会有圣诞老人送给她她想要的礼品。可是真正到了圣诞节，她还是失望，她收到的礼品总是比别的孩子的少。她虽然委屈，但还是忍住了，她在一张纸上写给自己一句话：不流泪。她觉得，作为一个“特别”的孩子，能跟其他孩子一起读书已经应该知足了。

不断抑制自己的欲望并没有给她带来好运，相反，她失学了。失学让她明白：她除了有一个聋子妈妈外，什么也没有。

她暗暗告诫自己：这已经是底线了。她必须开始学会向生活“索取”。

最容易索取的是什么呢？阿济开始想这个问题。这时候，她的“特别”帮助了她。因为她得到的答案不是金钱，不是圣诞礼物，甚至不是一次重新回到学校的机会，而是梦想。在阿济眼里，向生活索取一个梦想是她首先要干的。

搞定了这个，她想她还需要赚点钱。她得到的第一份工作是在一家农场的棉花田做事。她坚持了下来。在最困顿的日子里，不幸甚至有些残酷的生活拿走了她几乎所有的东西，但她死死地拽住了梦想，直至当上财政部长也没有松手。

犹太人认为：“如果情况不尽如人意，我们总可以想办法加以改变。改变情况的办法有多种，但最可靠的一种就是：你首先回答‘我希望变成什么样’这个问题，然后努力，再努力。”“我希望变成什么样”，其实就是向生活索取一个梦想。

勇敢做自己，因为你就是你

每个人都是第一个“前无古人，后无来者”的自己，没有必要去做第二个别人。做别人的复制品，你只能永远生活在别人的阴影中。

多年前，有位受人尊敬的犹太拉比名叫苏西亚，他是个闻名世界的学者、老师和医生。弥留之际，他的学生聚集在他的床前，不久，拉比掉下眼泪。

拉比的学生不禁问他：“老师，您为什么哭泣？”

拉比回答他说：“如果上了天堂以后，天使问我：‘为什么你不能像摩西一样？’我一定会肯定地回答他说：‘因为我本来就不是摩西。’如果天使再问我：‘可是你也没有像艾利西（希伯来的大预言家）一样的丰功伟绩。’那我也可以肯定地回答：‘因为我来到世上的任务和艾利西不同。’可是，有一个问题，恐怕我会答不出来。我怕他问：‘你为什么不能像拉比苏西亚？’”

拉比苏西亚过世后的两百年，一个小女孩珍妮佛·卡碧雅提在她的人生过程中崭露头角。她以 12 岁的小小年纪，多次向世界网球冠军赛叩关。她在尚未踏入青少年期时，就已经跃升为第一级选手，并向许多实力强大的成人明星球员挑战，且获胜利。

当有人问她是不是希望当第二个克莉丝·艾芙特时，珍妮佛回答说：“不，我要当第一个珍妮佛·卡碧雅提。”这种当仁不让的自信心，和她在球场上的表现是一致的，因为她知道，成功的唯一途径，就是展现自我，而不是模仿别人。

芸芸众生都在追寻自我。有时候在愉悦的自我发现过程中，珍贵的自我即可显现，有时候却是经过煎熬和挣扎，才能求得自我。然而不论我们走的是哪一条路，我们都要和处于云端的自我意识，一起分享这段艰辛的旅程。家长一定要让孩子从小明白：每个人都带着独特的目的来到世上，希望每个人都能拿出勇气，发掘美丽的自我。

用忍耐构建生命的支点

千里之行，始于足下。要想实现远大的目标，就必须依靠持久的耐心，一步一个脚印地去达成。

普利策是一位犹太人，21 岁时获得律师开业许可证，开始了他独自创业的生涯。作为一个有抱负的年轻人，普利策觉得当个律师创不了大业。经过深思熟虑，他确定进军报界。

古希腊物理学家阿基米德说过："只要给我一个支点，就能撬动地球。"这给普利策以很大启发，他决心先找个"支点"，有了"支点"才去实现移动"地球"的壮举。据此，他千方百计寻找进入报业工作的立足点，以此作为他千里之行的起点。他找到圣路易斯的一家报馆，老板见他颇具热情，机敏聪慧，便答应留下他当记者，但有个条件，以半薪试用一年后再商定去留。

普利策明知老板对自己不那么信任，但仍乐意屈就。他在报馆期间，充分利用犹太人"善于忍耐"的优势，顶住老板的百般刁难和同事不屑的白眼，虚心研究报馆的各个环节的工作，最后老板高兴地提前吸收他为正式员工，第二年还把他提升为编辑。随着他署名的文章增多，影响力扩大，1869 年他当选为密苏里州议会议员。1871 年至 1872 年，他牵头筹组密苏里州自由共和党，声望大增，地位和声望常常与经济相关，普利策的收入也开始增多。1878 年他用自己的积蓄买下一间濒临歇业的报馆，并将报纸更名为《路易斯邮报快讯报》，开始了独立办报的奋斗。该报经过 5 年的经营，成为当时美国最成功的报纸，每年为他赚取 15 万美元以上的纯利润。

随着资本积累的增多，普利策又收购了《纽约世界报》，不久这家惨淡经营的报纸一举跃升为全美最有影响和利润最丰的大报。正是凭借“忍耐”和“不断进取”，普利策最终成为美国的报业巨头和大富豪，实现了他创业之初的目标。

忍耐是犹太民族的基本精神，逆境是成功的一种回响，根据一些心理学家分析，对于每一次失败的经验，他们都看成为一种“响应”，这种“响应”告诉他们应该怎样尝试不同的方法。在他们的信念系统中，他们坚信通过这样的回馈机制，他们总有一天会成功。

犹太人可以说是世界上忍耐力最强的民族之一，他们在恶劣的环境下和腹背受敌的攻击中，常常表现得从容自信，练就了一种特殊的心理素质：能忍一切不可忍之事。犹太人认为，逆境可以试验人有多大的忍耐力，境遇越恶劣，人就需要越强的忍耐力。

只要你想就能做到

你对自己的生命拥有比你想象的更多的主宰权。

曾有一个有关著名犹太医生卡尔·赛蒙顿的有趣故事。赛蒙顿医生是一位专门治疗晚期癌症病人的专科医生，他提起有一次治疗一位61岁喉癌病人的经过。当时这名病人因为病情的影响，体重大幅下降，瘦到只有98磅（约88斤），癌细胞的扩散使得他无法进食。

赛蒙顿医生告诉这位患者，自己将会全力为他诊治，帮助他对抗恶疾。同时，每天将治疗进度详细地告诉他，并清楚讲述医疗小组治疗的情形及他体内对治疗的反应，使病人对病情得以充分了解并缓解不安的情绪，努力与医护人员合作。

结果治疗情形好得出奇。赛蒙顿医生认为这名患者实在是个理想的病人，因为他对医生的嘱咐完全配合，使得治疗过程进行得十分顺利。赛蒙顿医生教这名病人运用想象力，想象他体内的白血球大军如何与顽固的癌细胞对抗，并最后战胜癌细胞的情景。结果两个星期之后，医疗小组果然抑制了癌细胞的破坏性，成功地战胜了癌症。对这个杰出的治疗成果，就连赛蒙顿医生也感到十分惊讶。

其实赛蒙顿医生是因为运用了心理疗法来治疗这名癌症病人，才获得了如此成功的疗效。他对患者说："你对自己的生命拥有比你想象的更多的主宰权，即使是像癌症这么难缠的恶疾，也能在你的掌握中。"他继续说："事实上，你可以运用这种心灵的力量，来决定你的生或死。甚至，如果你选择活下去，你还可以决定要什么样的生命品质。"

犹太先哲弥迦一向主张，当你设定一个目标时，必须先在心里想象自己实现目标时的情境，描绘出一幅成功的景象，并随时将那幅景象摆在脑海中。如此，总有一天你的愿望就会变成现实。

曾有一幅反映第二次世界大战时犹太人生活的电影海报，海报上面分别画着一个蚕茧、一条毛毛虫和一只蝴蝶。底下则是一行文字，写着："选择——同样是一生，你愿意当哪一种？一个茧？一条虫？还是飞上枝头的蝴蝶？只要你想做，你就能做到！"

做自己命运的主人

上帝夺取了我们的一切，剩下的只有我们。（《塔木德》）

从前，一头驴子不小心掉到一口枯井里，它哀怜地叫喊呼救，期待主人把它救出去。驴子的主人召集了数位亲邻出谋划策，却想不出好办法。大家倒是认定反正驴子已经老了，"人道毁灭"也不为过，况且这口枯井迟早也会被填上。

于是，人们拿起铲子开始填井。当第一铲泥土落到枯井中时，驴子叫得更恐怖了，它显然明白了主人的意图。又一铲泥土落到枯井中，驴子出乎意料地安静了。人们发现，此后每一铲泥土打在它背上的时候，驴子都在做一件令人惊奇的事情：它努力抖落背上的泥土，踩在脚下，把自己垫高一点。

人们不断把泥土往枯井里铲，驴子也就不停地抖落那些打在背上的泥土，使自己再升高一点。就这样，驴子慢慢地升到了枯井口，在人们惊奇的目光中，从从容容地走出枯井。

这则故事给我们三个启示：其一，假若你现在就身处枯井中，求救的哀鸣也许换来的只是埋葬你的泥土。那么，驴子教会我们走出绝境的秘诀，便是拼命抖落背上的泥土，变本来用来埋葬你的泥土为拯救自己的泥土，即将不利因素转化为有利因素。其二，无论绝望与死亡如何惊天动地，有时候走出"枯井"原来就这么简单。其三，驴子走出枯井时，表现得从从容容，这应该说是从生活或从困境中走出来的人，面向未来，充满活力的一种值得探讨和推崇的理念。

《塔木德》教导人们："要救赎自己"，这种救赎不能靠别人，必须由自己来完成，看看犹太人是如何救赎自己的。

因为犹太人会精心设计自己的人生，所以在发现自己真正想要从事的职业之前，他们会不断地变换工作。美国犹太商人朗司·布拉文就属这一类人。

布拉文是37岁才开始经商的。他的父亲在洛杉矶经营一所拥有100名员工的会计师事务所，他在大学学的是会计学，毕业以后马上进了父亲的事务所工作。周围人都认为他会顺其自然地成为事务所的第二代继承人经营会计师事务所，但是，他总是觉得事务所的工作不适合自己，最后辞职了，开始自己尝试着经商。

他进入商界也就十几年时间，但年交易额已达35亿日元。他主要向日本出口高尔夫用品等与体育有关的用品、服装及辅助设备等。经销地点除了公司本部的拉斯维加斯外，还有日本及瑞士。他设想有朝一日能够建立世界规模的公司。

幸亏布拉文转换了工作，才发现更适合自己发展的道路。但是，当初做出从父亲的事务所辞职的决定肯定是很难的。虽说父子关系是各自独立的，但是就这么眼看着放弃非常成功的父亲的事业，自己出去独立发展是需要很大决心的。但是，遇到该选择父亲还是该选择自己的情况，布拉文会毫不犹豫地选择自己。

追求成功，得靠实力，追求财富也离不开自身的拼搏。只要拥有了凡事求己的坚强和自信，人人都能成为自己的财神。其主旨就是要揭示这样一条真理：凡事不要依靠别人施舍，也不要希望财富与成功自天而降。只有将命运之舟紧紧地掌握在自己的手中，才能使它准确地驶向成功的彼岸，驶向财富的绿洲。只有自己才是操纵自己人生的真正主人。

休·赫胡是美国一家著名杂志的老板，他的杂志在国内极受读者欢迎，是美国最热门的杂志之一。

赫胡早年经历极为平凡，他是一位记者，这在美国是一个普通得不能再普通的职业。在他当记者的时候经常因为工作而耽误了吃饭休息，甚至好几个女朋友都先后离他而去，但他仍然勤奋工作，毫不懈怠。

到后来，他才突然发现，自己这样做，并没有得到应有的报酬。

于是，他鼓起勇气来到总编办公室，要求总编给他增加 10 美元的工资。

总编丝毫没有把这位年轻的记者放在眼里。他轻蔑地对赫胡说："像你这样的年轻人，值得拿这么多的工资吗？况且，要那么多钱干什么？"

赫胡听到总编说出这样粗鲁的话，看到总编的态度如此蛮横无理，顿时有被耍弄的感觉，当场提出辞职要求，并且毫不犹豫地离开了报社。

他虽然离开了报社，但报社也曾给他带来很多好处，让他从这份薪俸微薄的记者工作中积累了丰富的生活素材，为他后来成就事业打下了坚实的基础。

赫胡凭着自身具备较为优越的条件，开始筹集资金，发行杂志。这个被迫辞职的记者，不久成了杂志社的编辑，又不久成了杂志社经理。

杂志成功后，赫胡又在芝加哥开设了俱乐部，其俱乐部形式生动活泼，项目新鲜，服务周到，分店很快就遍布了全世界。他也因此成了一个蜚声中外的成功人士，可谓名利双收。

休·赫胡决意掌握自己的命运，不甘于仰人鼻息，为他人卖命。他通过自己的努力，闯出一条成功之路。

第二章

处世智慧：掌控成功的金钥匙

1加1大于2

成功离不开超常的智慧，当别人只看到1加1等于2时，你应该敏锐地发现其实存在着使1加1大于2的办法。

多年以前，在奥斯维辛集中营里，一个犹太人对他的儿子说："现在，我们唯一的财富就是智慧了。当别人说1加1等于2的时候，你应该想到它也可以大于2。"

纳粹在奥斯维辛集中营毒死了几十万人，这对父子却凭着智慧奇迹般地活了下来。1946年，他们来到美国，在休斯敦做铜器生意。某日，父亲问儿子一磅铜的价值是多少，儿子回答说35美分。父亲却说："对，这里的人都知道每磅铜的价格是35美分，但作为犹太人的儿子，你应该说3.5美元。不信，你就试着把铜做成门把手看看。"

20年后，父亲死了，儿子独自经营那家铜器店。他始终牢记着父亲的话，做过铜鼓，做过瑞士钟表上的弹簧片，做过奥运会的奖牌。他甚至把一磅铜卖到了3500美元，这时他已经是麦考尔公司的董事长了。然而，真正让他扬名的却是纽约州的一堆垃圾。

1974 年，美国政府为清理给自由女神像翻新扔下的一大堆废料，向社会广泛招标，但几个月过去了却没人应标。当时正在法国旅行的他听到这个消息后，立即终止休假，飞往纽约。在看过自由女神像下堆积如山的铜块、铅丝和木料后，他毫不迟疑，当即与政府部门签下了协议。

纽约的许多运输公司对他的这一举动都暗自发笑，因为在纽约州，垃圾的处理有严格规定，弄不好就会受到环保组织的起诉。他的许多同僚也认为废料回收吃力不讨好，能回收的资源价值十分有限，都觉得他此举实在愚蠢至极。就在很多人都等着要看这个犹太人的笑话时，他已经开始组织工人对废料进行分类加工了。他让人把废铜熔化，然后做成一些小的自由女神像，把废铅、废铝做成纽约广场的钥匙，他甚至把从自由女神身上扫下的灰尘也包装起来，出售给那些花店。结果自然就可想而知了：在不到 3 个月时间里，他就让那堆废料变成了 350 万美金。

生活中没有一成不变的等式。当你在抱怨生活时，也许别人正在享受成功的喜悦，其中的奥妙就在于：你只知道 1 加 1 等于 2，而别人却明白 1 加 1 可以大于 2 的道理。没错，不单是犹太人，世上大多数人都知道任何东西都有价的，都能失而复得，只有智慧才是人生无价的财富。智慧可以提升，可以创造，可以化无为有，化不利为有利，可以最大程度地改变一个人甚至千千万万人的命运，可以这样说，正是智慧，引导我们一步步走向自由。

爱生智慧，智慧改变命运

当你的心中充满爱，就会主动热情地寻找各种办法帮助他人解决困难，而智慧由此产生，你在帮助他人的过程中也会获得丰厚的回报。

一天夜里，已经很晚了，一对年老的夫妻走进一家旅馆，他们想要一个房间。犹太侍者回答说："对不起，我们旅馆已经客满了，一间空房也没有剩下。"但是侍者不忍心深夜让这对老人出门另找住宿。而且在这样一个小城，恐怕其他的旅店也早已客满打烊了，这对疲惫不堪的老人岂不会在深夜流落街头？于是好心的侍者将这对老人引领到一个房间，说："也许它不是最好的，但现在我只能做到这样了。"老人见眼前其实是一间整洁又干净的屋子，就愉快地住了下来。

第二天，当他们来到前台结账时，侍者却对他们说："不用了，因为我只不过是把自己的屋子借给你们住了一晚——祝你们旅途愉快！"原来如此。侍者自己一晚没睡，他就在前台值了一个通宵的夜班。两位老人十分感动。老头儿说："孩子，你是我见到过的最好的旅店经营人。你会得到报答的。"侍者笑了笑，说这算不了什么。他送老人出了门，转身接着忙自己的事，把这件事情忘了个一干二净。没想到有一天，侍者接到了一封信函，打开看，里面有一张去纽约的单程机票并有简短附言，聘请他去做另一份工作。他乘飞机来到纽约，按信中所标明的路线来到一个地方，抬眼一看，一座金碧辉煌的大酒店耸立在他的眼前。原来，几个月前的那个深夜，他接待的是一个有着亿万资产的富翁和他的妻子。富翁为这个侍者买下了一座大酒店，深信他会经营管理好这个大酒店。

吃亏即是占便宜

有些事情，从常规的角度看，似乎是吃了大亏，但从另一个角度看，却是占了天大的便宜。这就是智慧。

一个犹太人走进纽约的一家银行，来到贷款部，大模大样地坐了下来。

“请问先生，我可以为你做点什么？”贷款部经理一边问，一边打量着这个西装革履满身名牌的来者。

“我想借些钱。”

“好啊，你要借多少？”

“1 美元。”

“只需要 1 美元？”

“不错，只借 1 美元，不可以吗！”

“噢，当然，不过只要你有足够的保险，再多点也无妨。”经理耸了耸肩，漫不经心地说。

“好吧，这些做担保可以吗？”犹太人接着从豪华的皮包里取出一堆股票、国债等，放在经理的写字台上。

“总共 50 万美元，够了吧？”

“当然，当然！不过，你真的只要借 1 美元吗？”经理疑惑地看着眼前的怪人。

“是的。”说着，犹太人接过了 1 美元。

“年息为 6%，只要您付出 6%的利息，一年后归还，我们就可以把这些股票退还给您。”

“谢谢。”

犹太人说完准备离开银行。一直站在旁边冷眼观看的分行长，怎么也弄不明白，拥有50万美元的人，怎么会来银行借1美元，于是他慌慌张张地追上前去，对犹太人说：

“啊，这位先生……”

“有什么事吗？”

“我实在弄不清楚，你拥有50万美元，为什么只借1美元呢？你不以为这样做你很吃亏吗？要是你想借30、40万美元的话，我们也会很乐意……”

“请不必为我操心。在我来贵行之前，问过了几家金库，他们保险箱的租金都很昂贵。所以嘛，我就准备在贵行寄存这些东西，一年只需要花6美分，租金简直是太便宜了。”

打破自己的思维定式，换个角度去想问题，往往会有意想不到的收获。家长从小培养孩子智力时，最重要的莫过于让他多角度思考问题。

财富与智慧

有财富而无智慧，财富是不能永久的，而有了智慧就不愁没有财富，因为智慧是财富的源泉。

在犹太人心中，学者是人们尊敬的中心。把学者置于一切人甚至国王之上，就可以看出犹太民族是多么注重智慧。这一点是犹太民族可引以自豪的传统，因为其他民族都把贵族、王侯、军人或商人的地位放在学者之上。

犹太儿童中间流传着这样一则寓言：

在远古的耶路撒冷有一种精灵，他们干着仆役的事情，做家务，打扫房屋，有时还兼管花园。其中有一个精灵，给一个小康之家管理花园。他干活不声不响，相当熟练，热爱主人，还特别热爱那个花园。他工作非常卖力，主人对他也很满意。尽管他和他的同伴一样，生性非常轻盈，可以随时去各种地方，但为了更好地表明他是个忠实的仆役，他始终住在这家主人那里。但可怕的是，他的同行——其他精灵对他百般诽谤，以至于精灵的头目很快下令，把他调到北极去照料一所终年被雪覆盖的房屋。动身前，精灵对他的主人说："我不知道自己犯了什么错误，很快就会离开你们。可能是一个月后，也可能是一个星期后。请你们说出三个愿望，我帮你们实现，但是只能三个，不能再多。"主人和夫人合计了一下，第一个愿望就是要求财富。果然，立即便有大堆大堆的金钱装满了他们的钱柜和大大小小的箱子，仓库里全是小麦，地窖里全是酒，一切都装得满满的。但究竟怎样来管理这些财物呢？该设立多少账本，耗费多少时间和心血？两人都感到十分为难，贼人要来算计他们，王公大人要来借贷，国王要来征税，这对可怜的夫妇因为太过富有而感到痛苦。"快来帮我们摆脱这些因钱财而引起的麻烦吧！"他们二人请求说，"原来我们是多么幸福，无忧无虑啊！贫困远远胜过财富。财富，快走开！还我们原来的生活吧！"说完这些话，所有的一切都消失了，他们又和原来一样了。他们重新获得了安宁和平静。精灵因他们的觉悟而和他们同声大笑。最后他们请求精灵赐给他们智慧。他们明白，这才是一种从不引起麻烦的财富。

犹太人蔑视一般的学习，他们告诉孩子一般的学习只是一味模仿，而不是任何的创新。实际上，学习应该是思考的基础。正因为如此，《犹太法典》上说："学识及能力，都像是价值最昂贵的怀表。"

动脑的结果

事在人为，积极的人只为成功想办法，不为失败找借口。

佛瑞迪只有16岁。在暑假即将来临的时候，他对父亲说："爸爸，我不要整个夏天都向你伸手要钱，我要找个工作。"

父亲从震惊中恢复过来之后，对佛瑞迪说："好啊，佛瑞迪，我会想办法给你找工作，但是恐怕不容易。现在正是人浮于事的时候。"

"你没有弄清我的意思，我并不是要您给我找个工作。我要自己来找。还有，请不要那么消极。虽然现在人浮于事，我还是可以找到工作，毕竟有些人总是可以找到工作的。"

"哪些人？"父亲带着怀疑问。

"那些会动脑筋的人。"儿子回答说。

佛瑞迪在"事求人"广告栏上仔细寻找，找到了一个很适合他专长的工作，广告上说找工作的人要在第二天早上8点钟到达42街的一个地方。佛瑞迪并没有等到8点钟，而在7点45分钟就到了那儿。可他看到已有20个男孩排在那里，他只是队伍中的第21名。

怎样才能引起特别注意而竞争成功呢？这是他的问题，他应该怎样处理这个问题呢？根据佛瑞迪所说，只有一件事可做——动脑筋思考，这是最令人痛苦也是令人快乐的程序。在真正思考的时候，总是会想出办法的，佛瑞迪想出了一个办法。他拿出一张纸，在上面写了一些东西，然后折得整整齐齐，走向秘书小姐，恭敬地对她说："小姐，请你马上把这张纸条转交给你的老板，这非常重要。"

秘书小姐很有经验，如果他是个普通的男孩，她就可能会说：

“算了吧，小伙子。你回到队伍的第 21 个位子上等吧。”但是他不是普通的男孩，她直觉感到，他散发出一种自信的气质。她把纸条收下。

“好啊！”她说，“让我来看看这张纸条。”她看了不禁微笑了起来。她立刻站起来，走进老板的办公室，把纸条放在老板的桌上。老板看了也大声笑了起来，因为纸条上写着：

“先生，我排在队伍中第 21 位，在你没有看到我之前，请不要作决定。”

他是不是得到了工作？他当然得到了工作，因为他很早就学会了动脑筋。一个会动脑筋思考的人总能掌握住问题，也能够解决它。

在激烈的竞争中，如何使自己脱颖而出，又如何体现自己与他人的不同，你不能只是傻傻地等着，等着别人来证明你或是等着时间来证明你。你需要的是自己积极主动的行动，而这个时候开动你的脑筋吧，它会告诉你最好的方法！

没有标准答案

任何问题都不只一种解决方案，也没有所谓必须如此的标准答案，要敢于打破权威，独辟蹊径，创造性地解决问题。

很久以前，以色列国立大学教授卡兰得拉接到他的同事的一个电话，他问卡兰得拉是否愿意为一个试题的评分做鉴定人。因为同事想给他的一个学生答的一道物理题打零分，而他的学生则声称应该得满分。这位学生认为这种测验制度不对，他一定要争取满分。因此老师和学生同意将这件事委托给一个公平无私的仲裁人，而卡兰得拉被选中了……

卡兰得拉到他同事的办公室，并阅读了这个试题。试题是："试证明怎么能够用一个气压计测定一栋高楼的高度。"

学生的答案是："把气压计拿到高楼顶部，用一根长绳子系住气压计，然后把气压计从楼顶向楼下坠，直到坠到地面为止；然后把气压计拉上楼顶，测量绳子放下的长度。这长度即为楼的高度。"

这是一个有趣的答案，但是这学生应该获得称赞吗？卡兰得拉指出，这位学生应该得到高度评价，因为他的答案完全正确。另一方面，如果高度评价这个学生，就应该给他物理课程的考试打高分；而高分就证明这个学生知道一些物理学知识，但他的回答又不能证明这一点……

卡兰得拉让这个学生用6分钟回答同一个问题，但必须在回答中表现出他懂得一些物理学知识……在最后一分钟里，学生赶忙写出他的答案。答案是：把气压计拿到楼顶，让它斜靠在屋顶的边缘处。让气压计从屋顶落下，用秒表记下它落下的时间，根据落下的距离等于重力加速度乘下落时间的平方的一半，算出建筑物的高度。

看了这答案之后，卡兰得拉问他的同事是否让步。同事让步了，于是卡兰得拉给了这个学生几乎是最高的评价。正当卡兰得拉要离开他同事的办公室时，突然记得那位同学说他还有另外一个答案。于是卡兰得拉问是什么样的答案。学生回答说："啊，利用气压计测出一个建筑的高度有许多办法。例如，你可以在有太阳的日子在楼顶记下气压表的高度和它影子的长度，又测出建筑物影子的长度，就可以利用简单的比例关系，算出建筑物的高度。"

"很好，"卡兰得拉说，"还有什么答案？"

"有呀，"那个学生说，"还有一个你会喜欢的最基本的测量方法。你拿着气压表，从一楼登梯而上，当你登楼时，用符号标出气压表上的水银高度，这样你可以用气压表的单位得到这栋楼的高度。这个方法最直截了当。

“当然，如果你还想得到更精确的答案，你可以用一根弦的一端系住气压表，把它像一个摆那样摆动，然后测出街面和楼顶的g值（重力加速度）。从两个g值之差，在原则上就可以算出楼顶高度。”

最后他又说：“如果不限制我用物理学方法回答这个问题，还有许多其他方法。例如，你拿上气压表走到楼房底层，敲管理人员的门。当管理人员应声时，你对他说下面一句话‘亲爱的管理员先生，我有一个很漂亮的气压表。如果你告诉我这栋楼的高度，我将把这个气压表送给您……”

《塔木德》上说：问题的解决方法往往不只有一种，没有必要把自己的思维固定在某一点上。开放性的思维远比一些所谓的标准答案更值得我们的赞赏！因为你会发现，你原来并不需要待在狭小屋里，只要推开那扇门，你会发现，你的面前本有一片广袤的天地。

难忘的一课

不知道并不可怕，最可怕的是不知道却要装作知道，欺骗自己，欺骗他人。

医学院三年级的同学们开始临床实习，给病人看病了。

学生们心情都有点紧张，口袋里装满了各种医疗手册和工具，显得鼓鼓囊囊的。但是他们没有带听诊器，他们的犹太老师让他们把自己的听诊器放在护士办公室了。

学生们站在第一位病人的床头边。“这位病人是沃特金斯先生，”老师说，“我已把我们的实习安排向他作了解释，他不会介意的，只要你们需要，尽可以听听他的心脏。他患的是心脏僧帽瓣硬化症。简直太典型了，我不知道你们今后是否还能碰到这样的病例。”

“关于心脏僧帽瓣硬化症的病理知识，我们以前早就学过。我们知道这种病的心跳规律是先有一声清晰的强音，接着是两下微弱的杂音。”

指导老师把他的听诊器递给学生们。“你们要仔细听听。沃特金斯先生的心跳强音很明显。”

学生们一个接一个地拿过听诊器，集中精力听诊。“噢，没错，听得很清楚。”大家都点点头说。他们互相注视着，只见人人都是一脸轻松的表情。他们很感谢指导老师能把实习课安排得如此顺利。

这节实习课结束后，6个学生来到护士办公室，坐了下来。“你们都听清楚了吗？”指导老师问。学生们点点头。老师并不多说，慢慢拆开刚用过的那个听诊器。只见他从口袋里取出一个小镊子，用它夹出塞在听诊器里的一团棉球。

原来这是一个失效的听诊器，仅仅一个摆设而已！根本不可能用它听清什么心脏杂音的。

“再也不要这么干了，”老师说，“如果你们听不到什么声音，就直说好了。如果你们不理解别人在讲什么，就告诉他你确实不明白。本来糊涂却假装清醒，也许能欺骗你们的同事，但对你们自己——还有你们的病人，一点好处也没有。”

一时间，学生们都尴尬极了。这也许是这几个学生一生所上过的最好的一堂医学课。

我们不断地学习，就是因为有很多东西我们不懂，所以不懂并不可耻，最重要的是不能不懂装懂，不懂装懂往往比不懂更无知，因为它不但在欺骗别人，更是在欺骗自己。“知之为知之，不知为不知”，只有这样，我们才能不断学到新的知识，不断进步。

扛着驴的父子

凡事要自己拿主见，别人的意见只能作为参考，而不能听凭别人的摆布。

在中世纪时期的耶路撒冷，有个父亲带儿子去市场卖驴子，驴子走在前头，父子俩随行在后，村里的人看了都觉得很可笑。“真傻啊！骑着驴子去多好，却在这沙尘滚滚的路上漫步。”“对啊！说得对啊！”父亲突然觉得很有道理。

“孩子，骑上驴子吧！我会跟在旁边，不会让你掉下来的！”父亲让孩子骑在驴子上，自己则跟在旁边走着。这时，对面走来两个父亲的朋友。“喂！喂！让孩子骑驴，自己却徒步，算什么！现在就这么宠孩子将来还得了！为了孩子的健康，应该叫他走路才对，让他走路，让他走路！”

“噢！对呀！有道理。”于是父亲让孩子下来，自己则骑上驴背。孩子跟在驴子前面，蹒跚地走着。走着走着，碰见一个挤牛奶的女孩。女孩用责备的口吻说：“哎唷！世间竟有这么残酷的父亲，自己轻轻松松地骑在驴背上，却让那么小的孩子走路，真可怜。瞧，那孩子多痛苦，东倒西歪地跟在后头，实在可怜啊！”

“是啊！你说得有理！”父亲点头赞同。于是，父亲叫孩子也骑到驴背上，朝着市场的方向前进。驴子同时要载两个人，渐渐的举步非常吃力，呼吸急促，腿摇摇晃晃得发抖。可是父亲并没有发觉，还轻轻松松地哼着歌曲，一边在驴背上摇晃呢！驴子好不容易走到教堂前，喘了一大口气，休息、休息。

教堂前面正好站了一位牧师，叫住了他们。“喂！喂！请等一下，让那么弱小的动物载两个人，驴子太可怜了。你们要去那里呢？”“我们正要带这匹驴子去市场卖呀！”“哦！这更有问题。我看你们还没走进市场，驴子就先累死了，恐怕还卖不出去呢！信不信由你。”“那么，该怎么办呢？”“把驴子扛着去吧！”

“好！有道理。”父子俩立刻从驴背上跳下来，然后把驴子的脚绑起来，再用棍子扛着驴子。这样扛着，当然非常重，所以父子俩涨红了脸，摇摇晃晃地喊着:“怎么这么重呢！”看见这情景的人都呆住了。“真是奇怪的人啊！”扛着驴子的父子不久走到一座桥上。“孩子，市场快到了，再忍耐一会儿吧！”父亲虽然这么说，可是自己和孩子都已经累得精疲力尽了。

驴子毕竟是驴子，被倒吊着反而痛苦得不得了，不但口吐白沫，还粗暴地扭动起来。“嘿！乖一点啊！”父亲严厉地斥骂着，可是驴子不听，扭动地更厉害，结果，棍子啪的一声折断了。绳子也弄断了，驴子倒栽葱似的掉进河里。很不凑巧，雨后河水暴涨，驴子就在那瞬间，被急流吞没，看不见踪影了。“啊！怎么会这样呢？这都是一味听别人的意见，而产生最严重的后果啊！”父子两只好垂头丧气地走回家。

父子俩由于自己不思考，盲目听从别人的意见，结果吃了大亏。凡事要动脑筋，不能随意采纳别人的意见。思维力是智力活动的核心，也是智力结构的核心，因而思维能力是成才最重要的智力因素。思维能力要从小就开始发展，它会使人的思想更开阔。

学无止境

“生也有涯，而知也无涯”，知识的海洋无边无际，学习的道路永远没有止境。

耶鲁大学毕业考试的最后一天。在一座教学楼前的阶梯上，有一群大四的学生挤在一起，正在讨论几分钟后就要开始的考试。他们的脸上显示出很有信心的神情，这是最后一场考试，接着就是毕业典礼和找工作了。有几个说他们已经找到工作了。其他的人则在讨论他们想得到的工作。

怀着对4年大学教育的肯定，他们觉得心理上早有准备，能征服外面的世界。

即将进行的考试他们知道只是很轻易的事情——教授说他们可以带需要的教科书、参考书和笔记，只要求考试时不能彼此交头接耳。

他们喜气洋洋地鱼贯走进教室。

教授把考卷发下去，学生都眉开眼笑，因为看到试卷上只有5个论述题。

3个小时过去了，教授开始收考卷。学生们似乎不再有信心，他们的脸上出现可怕的表情。没有一个人说话。教授手里拿着考卷，面对着全班同学，端详着他们担忧的脸，问道：“有几个人把5个问题全答完了？”

没有人举手。

“有几个答完了4个题？”仍旧没有人举手。

“3个？ 2个？”

学生们在座位上不安起来。

“那么 1 个呢，一定有人做完了吧？”全班学生仍然保持沉默。

教授放下手中的考卷说：“这正是我预期的。我只是要加深你们的印象：即使你们已完成 4 年工程教育，但仍旧有许多有关工程的问题你们不知道。这些你们不能回答的问题，在今后的日常操作中是非常普遍的。”

教授微笑着说下去：“这个科目你们都会及格，但要记住：虽然你们是大学毕业生，但你们的教育才刚刚开始。”

时间消逝，这位教授的训诫清晰依旧，这位教授便是犹太著名学者列维·斯特劳斯。

学习知识就像在画圈。随着知识的日积月累，你的圈也就越画越大。当你洋洋自得时，不妨看看圈外的世界，你会发现这个圈所接触的空白也相应地在增加。真实的生活正在向我们展示它的博大精深。学无止境！

智慧的力量

智慧是世界上最强大的力量，学习知识必须转化为智慧才有意义。

世界著名的军事家拿破仑曾说过：“在部队里面，勇敢的将军固然重要，但是善于动脑筋思考的将军更重要，一个士兵，更需要有一个智慧的将军。”其实，在生活的各个方面都是如此。

世界著名的“酒店大王”——希尔顿，觉得自己人生得到的最大一次启示，来自他 12 岁时的一段经历。当时在美国西部人人带枪，但他爸爸从来不带，他说：“带枪的人必须依靠拔枪的速度，不带枪的人，需要的则是智慧，我相信智慧的力量会远远大过武器的力量。”

希尔顿很快领教了父亲这句话的含义：一天，他发现爸爸在一个酒馆里面，被一个醉汉用枪逼着，若没有回答出醉汉的任何一个问题，就会立即被枪打死。面对这生死存亡的一瞬间，他却吃惊地发现爸爸很平静，用一种非常感人的语调，慢慢地对那个拿枪的人说话，那人的态度逐渐软化，枪掉在了地上，最后，那人竟然抱着他的爸爸哭了起来！

“智慧的力量大于任何力量。”这一启示，指导了他后来的经商之道，最终成为闻名世界的“酒店大王”。

犹太民族非常重视学问，但是与智慧相比，学问也略低一筹，他们把仅有知识而没有智慧的人，比喻成“背着很多书本的驴子”。在犹太人看来，这种人即使有一肚子知识，也丝毫派不上用场。而且，知识必须为善，如果用知识做坏事，知识反而有害了。为此，犹太人认为，知识是为磨练智慧而存在的。假如只是单纯地收集很多知识而不消化，就同徒然堆积许多书本而不用一样，都是一种浪费。

智慧是财富之源

犹太人唯一的财富是智慧。（《塔木德》）

犹太人有则笑话，谈的是智慧与财富关系。

两位拉比在交谈：

“智慧与金钱，哪一样更重要？”

“当然是智慧更重要。”

“既然如此，有智慧的人为何要为富人做事呢？而富人却不为有智慧的人做事？大家都看到，学者、哲学家老是在讨好富人，而富人却对有智慧的人摆出狂态。”

“这很简单。有智慧的人知道金钱的价值，而富人却不知道智慧的重要。”

拉比即为犹太教教士，也是犹太人生活等方面的“教师”，经常被作为“智者”的同义词。所以，这则笑话实际上也就是“智者说智”。

拉比的说法不能说没有道理，知道金钱的价值，才会去为富人做事，而不知道智慧的价值，才会在智者面前露出狂态。笑话明显的调侃意味就体现在这个内在悖谬之上。

有智慧的人既然知道金钱的价值，为何不能运用自己的智慧去获得金钱呢？知道金钱的价值，但却只会靠为富人效力而获得一点带“嗟来之食”味道的酬劳，这样的智慧又有什么用，又称得上什么智慧呢？

所以，学者、哲学家的智慧不是真正的智慧。在金钱的狂态面前俯首帖耳的智慧，是不可能比金钱重要的。

相反，富人没有学者之类的智慧，但他却能驾驭金钱，却有聚敛金钱的智慧，却有通过金钱去役使学者智慧的智慧。

不过，这样一来，金钱又成了智慧的尺度，金钱又变得比智慧更为重要了。其实，两者并不矛盾，活的金钱即能不断生利的钱，比死的智慧即不能生钱的智慧重要；但活的智慧即能够生钱的智慧，则比死的金钱即单纯的财富——不能生钱的金钱——重要。那么，活的智慧与活的金钱相比哪一样重要呢？我们都只能得出一个回答：

智慧只有化入金钱之中，才是活的智慧。钱只有化入了智慧之后，才是活的钱；活的智慧和活的钱难分伯仲，因为它们本来就是一回事。它们同样都是智慧与钱的圆满结合。

智慧与金钱的同在与统一，使犹太商人成了有智慧的商人，使犹太生意经成了智慧的生意经！

真正有智慧的人，懂得金钱的价值，懂得如何用自己的知识来获取金钱，用自己的知识来创造现实社会的财富。

如果知识不应用到实践中去，也是没有价值的。

犹太人对待那些整天只知道学习的人的看法是："有些人过度钻研学问，以至于无暇了解真相。"他们甚至这样看待死读书的人："学者中也有类似驴马之人，他们只会搬运书本。学者中有人被喻为载运昂贵丝绸的骆驼，但骆驼与昂贵的丝绸是毫不相干的。"如果这样说来，他们只是书籍的搬运工而已，根本算不上是有知识的人。真正有知识的人就应该把自己所学的知识和实践联系起来，在实际的生活中，创造出他所能创造的价值。

财富不光是钱，也不光是财产。财富是智慧，财富是力量，财富是智慧和魄力的结晶，财富是物质和精神的统一。

有些人的财富装在脑袋里，有些人的财富装在口袋里，财富装在脑袋里的才是真正的富翁。财富的源头是智慧。有智慧的人，赤手空拳也可以创造财富。

很多年前，一则小消息在人们之间传播：皇宫的大殿需要重新装修，其中的石料因破损需要更换。这时，一位不起眼的珠宝店老板却没有等闲视之，他毅然买下了这些报废的石料。

没有人知道小老板的企图。他一定是疯了，人们都这样想。他关起店门，将那些石料重新打磨切制，变成一小块一小块的石块，然后装饰起来，作为纪念物出售。皇宫大殿的纪念物，还有比这更有价值的纪念品吗？

就这样，他轻松地发财了。接着，他买下了宫廷中一位皇后的一枚钻石。人们不禁问：他是自己珍藏还是抬出更高的价位转手？他不慌不忙地筹备了一个首饰展示会。人们当然是冲着皇后的钻石而来。可想而知，梦想一睹皇后钻石风采的参观者会怎样蜂拥着从世界各地接踵而至。他几乎坐享其成，毫不费力就赚了大笔的钱财。

许多人拥有智慧，但是他们的智慧都没有用来创造价值，所以他们始终是十分贫困的。学者应该运用自己的知识来获得智慧，而且应该学习那些真正的智慧，可以赚钱的智慧。

有位叫阿巴的外科医生非常著名，他给人看病是收费的（当时人们的观念是医生是救死扶伤的天使，收费是不应该的，医生们便在大街上摆上一个箱子，向路人募捐）。人们纷纷指责这位名医，但是阿巴告诉他们："不收费的医生是不值钱的医生。"

在商界，还流传着这么一个故事：

一次，美国福特汽车公司的一台大型电机发生故障，公司的技术人员都束手无策。于是公司请来德国电机专家斯坦门茨，他经过检查分析，用粉笔在电机上画了一条线，并说："在画线处把线圈减去16圈。"公司照此维修，电机果然恢复了正常。在谈到报酬时，斯坦门茨索价1万美元。一根线竟然价值1万美元！很多人表示不解。斯坦门茨则不以为然："画一条线只值1美元，然而，知道在哪里画值9999美元。"

这就是知识的价值。

有智慧的人敢于为自己的知识喊价，这也是他们善于把知识转化为金钱的聪明之处。

犹太人知道怎样把自己头脑中的智慧变成他们手中的金钱，他们对知识的崇拜和敬爱之情达到了一定高度，因为这些知识不仅仅显示他们的博学，最关键的是这些知识教会了他们怎样赚钱。

第三章

优秀品质：生命最永恒闪亮的基调

宝贵的回报

无私的奉献往往会让我们得到意想不到的回报。

荷兰的一个小渔村里，曾经有位勇敢的犹太少年以实际行动，让全世界的人们懂得了什么是“无私奉献的报偿”。

那是一个漆黑的夜晚，巨浪击翻了一艘渔船，船员们的性命危在旦夕。他们发出了求救信号，而救援队的队长正巧在岸边听见了警报声，便紧急召集救援员，立即乘着救援艇冲入海浪中。

当时，忧心忡忡的村民们全部聚集在海边祷告，每个人都举着一盏提灯，以便照亮救援队返家的路。

一个小时之后，救援艇冲破了浓雾，向岸边驶来，村民们喜出望外，欢声雷动，当他们精疲力竭地跑到海滩时，却听见队长说：“因为救援艇的容量有限，无法搭载所有遇难的人，无奈只得留下其中的一个人。”

原本欢欣鼓舞的人们，听见还有人危在旦夕，顿时都安静了下来，所有人的情绪再次陷入慌乱与不安中。

这时，来不及停下喘息的队长开始组织另一队自愿救援者，准备前去搭救那个最后留下来的人。

16 岁的汉斯立即上前报名，然而，他的母亲听到时，连忙抓住他的手，阻止说："汉斯，你不要去啊！ 10 年前，你的父亲在海难中丧生，而 3 个星期前，你的哥哥保罗出海，到现在也音讯全无啊！孩子，你现在是我唯一的依靠，千万不要去！"

看着母亲，汉斯心头一酸，却仍然强忍着心疼，坚强地对母亲说："妈妈，我必须去，如果每个人都说'我不能去，让别人去吧'，那情况将会怎么样呢？妈妈，您就让我去吧，这是我的责任，只要还有人需要帮助，我们就应当竭尽全力地救助他。"

汉斯紧紧地拥吻了一下母亲，然后义无反顾地登上了救援艇，和其他救援员一起冲入无边无际的黑暗中。

一个小时过去了，虽然只有一个小时，但是对忧心忡忡的汉斯的母亲来说，却是无比漫长的煎熬。忽然，救援艇冲破了层层迷雾，出现在人们的视野中。

远远地，汉斯开心地朝人群挥着手，大声喊道："我们找到他了，他就是我的哥哥保罗啊！"

16 岁的汉斯秉持着一份对生命的爱与热情，那份"我为人人"的奉献精神，让人们看见最耀眼的人性之光。特别是在母亲的哀求声中，他仍然坚持前往救援的决心，最后救回来的人竟是他的哥哥，更让人倍感温馨。也让我们懂得无私的奉献会让我们得到意想不到的回报。

犹太科学家波普尔曾经劝告人们："人只有献身于社会，才能找出那短暂而有风险的生命的意义。"只要我们肯付出，终究会得到应有的报偿，不必计较付出了多少，也不必计较等待了多久。

宽容的最高境界

世界上最有力量的人是化敌为友的人。宽容自己的亲人、朋友容易，宽容自己的敌人才是道德修养的最高境界。

很久以前，犹太国王罗波安决定不久后就将王位传给三个儿子中的一个。一天，国王把三个儿子叫到跟前说：“我老了，决定把王位传给你们三兄弟中的一个，但你们三个都要到外面去游历一年。一年后回来告诉我，你们在这一年内所做过的最高尚的事情。只有那个真正做过高尚事情的人，才能继承我的王位。”

一年后，三个儿子回到了国王跟前，告诉国王自己这一年来在外面的收获。

大儿子先说：“我在游历期间，曾经遇到一个陌生人，他十分信任我，托我把他的一袋金币交给他住在另一镇上的儿子，当我游历到那个镇上时，我把金币原封不动地交给了他的儿子。”

国王说：“你做得很对，但诚实是你做人应有的品德，不能称得上是高尚的事情。”

二儿子接着说：“我旅行到一个村庄刚好碰上一伙强盗打劫，我冲上去帮村民们赶走了强盗，保护了他们的财产。”

国王说：“你做得很好，但救人是你的责任，还称不上是高尚的事情。”

三儿子迟疑地说：“我有一个仇人，他千方百计地想陷害我，有好几次，我差点就死在他的手上。在我的旅行中，有一个夜晚，我独自骑马走在悬崖边，发现我的仇人正睡在一棵大树下，我只要轻轻地一推，他就掉下悬崖摔死了。但我没有这样做，而是叫醒了他，告诉他睡在这里很危险，并劝告他继续赶路。后来，当我下马准备过一条河时，一只老虎突然从旁边的树林里窜出来，扑向我，正在我绝望时，我的仇人从后面赶过来，他一刀就结果了老虎的命。我问他为什么要救我的命，他说‘是你救我在先，你的仁爱化解了我的仇恨’。这……这实在是不算做了什么大事。”

“不，孩子，能帮助自己的仇人，是一件高尚而神圣的事。”国王严肃地说：“来，孩子你做了一件高尚的事，从今天起，我就把王位传给你。”

心有善意，而又善于宽容，一个人兼备了这两点，他就是一个出类拔萃的人。在现实生活中，恩将仇报的人和事屡见不鲜；有机会报仇却放弃，反而帮助自己的仇人脱离危险的人和事并不多见。只有如此宽容和豁达的人，才能享受人生的最高境界！

施与的真谛

真心换得真心，爱换得爱。有时候，一份不经意的关怀便叩启了一扇紧闭的心门。

“今天，我一定要断然拒绝他们的要求。”出门之前，犹太老妇人这么想。

这一天，下着很大的雨，她在这样的天气却不顾一切地跑出来，目的是想赶快为眼下这件事画个休止符。

犹太老妇人平时以慈善家闻名。到目前为止，她不时捐东西给需要的人，或买了很多衣料送给本市的贫民。可是，这一次的事，性质大不相同，使她无法像平时那样，爽口答应。虽然目的是为了贫苦无依的孤儿们着想，但要她捐出祖上留下的土地来建造孤儿院，她实在无法同意。她对世世代代传下来的那一片土地，有无限的感情，何况，她年纪已老，此后的主要的收入来源，就靠那块土地。这是跟她此后的生活有直接关系的事。说得严重一点，她若失去这一块土地，她的生活马上就要受到影响。

“不管对方如何恳求，也不能起一丁点同情心，否则……”想着想着，犹太老妇人的脚步就越来越快了。

雨越来越大，风也吹得更起劲了。不多久，她到了目的地——一家慈善机构的古色苍然的房子。她推开大门，走进去。由于是个大雨天，走廊上到处湿湿的。她在门口寻找拖鞋来穿。

“请进！”这时候，随着明朗的声音，一位女办事员出现在她眼前。那位女办事员看到没有拖鞋了，立刻毫不考虑地脱下她自己的拖鞋给犹太老妇人穿。

“真抱歉，所有的拖鞋都被穿走了。”那位小姐还向她恳切地赔不是呢。

犹太老妇人看到那位小姐的袜子，因为碰到地板，一下子就给濡湿了。

犹太老妇人为她这个行为，感动莫名。就在那一瞬间，她才感悟了“施与”的真正的意义。

她想：“平时，我被大家称为慈善家，可是，我做的慈善行为，到底是些什么？我捐出来的，全是自己不再使用的旧东西，再不就是挪用多余的零用钱罢了。那与其说是‘施与’，不如说是‘施惠’更妥当。所谓的‘施与’，应该是拿出对自己来说是最重要的东西，那才有莫大的价值呀！”

犹太老妇人的内心突然起了180度的大改变——她决心捐出那块土地给这个慈善机构，为可怜的孩子们建立设备完善的孤儿院。

犹太老妇人对那位女办事员说:“好温暖的拖鞋。”

女办事员红了脸,不好意思地说:“对不起,我一直穿着,所以……”

犹太老妇人连忙打断她的话:“不,不,我没有怪你的意思,我是说,你的心,令人感到温暖,也让我明白了许多!”

犹太老妇人向她投以亲切的微笑,然后,朝着经理办公室急步走去……

犹太经典《塔木德》告诉我们:“黑夜里还有别人,有人弯下腰点了一堆火,也有人在接着这样做。”有的时候我们只需要知道这些就够了!而众多的犹太拉比却要让孩子明白:真正的关心与施与,需要真情与真心,只有心里装着别人的人,才能从别人那里,使自己得到充实和提升。

送花

与其常年把花送给再也不能欣赏它的死者,不如把花送给喜欢它的活着的人。活着只有对别人有些用处才能快乐。

生活的真谛并不神秘,幸福的源泉大家也知道,只是常常忘了,于是这才真有点奥妙。

故事是一个犹太守墓人亲身经历的。在耶路撒冷的某个公墓,一连好几年,这位温和的犹太守墓人每星期都收到一个不相识的妇人的来信,信里附着钞票,要他每周给她儿子的基地放一束鲜花。

后来有一天,他们照面了。那天,一辆小车开来停在公墓大门口,司机匆匆来到守墓人的小屋,说:“夫人在门口车上。她病得走不动,请你去一下。”

一位上了年纪的妇人坐在车上。表情有几分高贵，但眼神哀伤，毫无光彩。她怀抱着一大束鲜花。

“我就是亚当夫人，”她说，“这几年我每礼拜给你寄钱……”

“买花。”守墓人答道。

“对，给我儿子。”

“我一次也没忘了放花，夫人。”

“今天我亲自来，”亚当夫人温存地说，“因为医生说我活不了几个礼拜。死了倒好，活着也没意思。我只是想再看一眼我儿子，亲手来放些花。”

守墓人苦笑了一下，决定再讲几句。

“我说，夫人，这几年您常寄钱来买花，我总觉得可惜。”

“鲜花搁在那儿，几天就干了。没人闻，没人看，太可惜了！”

“你真是这么想的？”

“是的，夫人，你别见怪。我是想起来自己常跑医院孤儿院，那儿的人可爱花了。他们爱看花，爱闻花。那儿都是活人，可这墓里哪个活着？”

老夫人没有作声。她只是小坐一会儿，默默地祷告了一阵，没留话便走了。

守墓人后悔自己一番话太率直、太欠考虑，这会让老妇人受不了。

可是几个月后，这位老妇人又忽然来访，把守墓人惊得目瞪口呆：她这回是自己开车来的。

“我把花都给那儿的人们了。”她友好地向守墓人微笑着，“你说得对，他们看到花可高兴了，这真叫我快活！我的病好转了，医生不明白是怎么回事，可是我自己明白，我觉得活着还有些用处。”

不错，她发现了我们大家都懂却又常常忘记的道理：活着要对别人有些用处才能快活。

怎样才能让自己的生活过得有意义，过得满足并快活呢？用《塔木德》上一句浅显的话说就是："活着要对别人有些用处才能快活。"因为人生的价值不仅仅止于自己本身，更多的是在于自己对别人的奉献。

抬起头来做人

要教育孩子树立正确的价值观，杜绝盲目的攀比心理。让孩子懂得穷人的一块钱或许比富人的一万块钱还要宝贵。

那一年，有个犹太小男孩，不过八九岁。一天，他拿着一张筹款卡回家，很认真地对妈妈说："学校要筹款，每个学生都要叫人捐钱。"

对小孩子来说，直接想到的"人"，就是自己的家长。

小男孩的妈妈取出 5 块钱，交给他，然后在筹款卡上签名。小男孩静静地看着妈妈签名，想说什么，却没开口。妈妈注意到了，问他："怎么啦？"

小男孩低着头说："昨天，同学们把筹款卡交给老师时，捐的都是 100 块、50 块。"

小男孩就读的是当地著名的"贵族学校"，校门外，每天都有小轿车等候放学的学生。小男孩的班级是排在全年级最前面的。班上的同学，不是家里捐献较多，就是成绩较好。当然，小男孩不属于前者。

那一天，小男孩说，不是想和同学比多，也不是自卑。他一向都认真对待老师交代的功课，这一次，也想把自己的“功课”做好。况且，学校还举行班级筹款比赛，他的班已领先了，他不想拖累整班。

妈妈把小男孩的头托起来说：“不要低头，要知道，你同学的家庭背景，非富则贵。我们必须量力而为，我们所捐的 5 块钱，其实比他们的 500 块钱还要多。你是学生，只要以自己的品学，尽力为校争光，就是对学校最好的贡献了。”

第二天，小男孩抬起头，从座位走出去，把筹款卡交给老师。当老师在班上宣读每位同学的筹款成绩时，小男孩还是抬起头来。自此以后，小男孩在达官贵人、富贾豪绅的面前，一直抬起头来做人。

妈妈说的那一番话，深深地刻在小男孩心里。那是生平第一次，他面临由金钱来估量人的“成绩”的无言教育。非常幸运，就在这第一次，他学习到“捐”的意义，以及别人所不能“捐”到的、自己独一无二的价值。

当我们有 100 块钱时，我们捐出 100，那是我们的 100%；当我们有一万块钱时，我们捐出 100 块钱，那是我们的 1%。“捐”的意义不在于我们捐了多少，而在于我们捐出了多少比例；“捐”的价值不在于我们是否与别人捐得一样多，而在于我们捐了别人所不能捐出的自己独一无二的价值。

守住道德的底线

我们每个人心中都有一条属于自己的道德底线，那就是诚实，守住这条底线需要自觉。

拉斐尔 11 岁那年一有机会便去湖心岛钓鱼。在鲈鱼钓猎开禁前的一天傍晚，他和妈妈早早又来钓鱼。安好诱饵后，他将鱼线一次次甩向湖心，湖水在落日余辉下泛起一圈圈的涟漪。

忽然钓竿的另一头倍感沉重起来。他知道一定有大家伙上钩，急忙收起鱼线。终于，孩子小心翼翼地把一条竭力挣扎的鱼拉出水面。好大的鱼啊！它是一条鲈鱼。

月光下，鲈鱼一吐一纳地翕动着。妈妈打亮小电筒看看表，已是晚上十点——但距允许钓猎鲈鱼的时间还差两个小时。

“你得把它放回去，儿子。”母亲说。

“妈妈！”孩子哭了。

“还会有别的鱼的。”母亲安慰他。

“再没有这么大的鱼了。”孩子伤感不已。

他环视了四周，已看不到一艘鱼艇和一个钓鱼的人，但他从母亲坚决的脸上知道无可更改。暗夜中那鲈鱼抖动笨大的身躯慢慢游向湖水深处，渐渐消失了。

这是很多年前的事了。后来拉斐尔成为纽约市著名的建筑师。他确实没再钓到那么大的鱼，但他却为此终身感谢母亲。因为他通过自己的诚实、勤奋、守法，猎取到生活中的大鱼——事业上成绩斐然。

在这个故事中，母亲和孩子在放弃时坚守了自己的底线——诚实！而且他们明白这一底线——诚实不是用来做给别人看的，而是用自己的心来判断。我们每个人都有自己的不同底线，只有坚持住了，我们能恰到好处的放弃，才是对自己的“诚实”。

尊严

男儿膝下有黄金。要从小教育孩子要有做人的尊严和骨气，要不畏强权，敢于反抗。

布朗的母亲是他7岁那年去世的，父亲后来续娶了一个犹太人，继母来到他家的那一年，小布朗11岁了。

刚开始，布朗不喜欢她，大概有两年的时间他没有叫她“妈”，为此，父亲还打过他。可越是这样，布朗越是在情感中有一种很强烈的抵触情绪。

一天中午，布朗偷摘人家院子里的葡萄时被主人给逮住了，主人的外号叫“大胡子”，布朗平时就特别畏惧他，如今在他的跟前犯了错，他吓得浑身直哆嗦。

大胡子说：“今天我也不打你不骂你，你只给我跪在这里，一直跪到你父母来领人。”

听说要自己跪下，布朗心里确实很不情愿。大胡子见他没反应，便大吼一声：“还不给我跪下！”

迫于对方的威慑，布朗战战兢兢地跪了下来。这一幕，恰巧被他的继母给撞见了。她冲上前，一把将布朗提起来，然后，对大胡子大叫道：“你太过分了！”

继母平时是一个没有多少言语的性格内向之人，突然如此震怒，让大胡子这样的人也不知所措。布朗也是第一次看到继母性情中另外的一面。

回家后，继母用枝条狠狠地抽打了两下布朗的屁股，边打边说：“你偷摘葡萄我不会打你，哪有小孩不淘气的！但是，别人让你跪下，你就真的跪下？你不觉得这样有失人格吗？不顾自己人格的尊严，将来怎么成人？将来怎么成事？”继母说到这里，突然抽泣起来。布朗尽管只有 13 岁，但继母的话在他的心中还是引起了震撼。他猛地抱住了继母的臂膀，哭喊道：“妈，我以后不这样了。”

继母教会了布朗人生中的重要一课——人活着要有尊严。继母因为懂得这一点所以从没有勉强小布朗叫她母亲，当然她同样不允许别人侮辱小布朗。

的确，人都会犯错，有时会犯很严重的错误。可是，这并不意味着他要被剥夺改过自新的权力或者做人的尊严。人认识到这一点，对别人的要求也许就不会过于苛刻。对人自身而言，自尊使他对自己有了更高的要求，不再随波逐流，他便能追求、创造崇高的人生。

自强不息，制胜人生

自强不息的精神是催人奋进和获取成功的法宝。有了自强不息的精神，就会产生信心，有了成功的信心，就会设法发挥自己潜在的力量，这种力量用于自己的奋斗目标上，就可以排除万难，使人敢于面对现实，坚持下去，最终获得成功。这就是俗语所说的“精诚所至，金石为开”。

犹太儿童从小就从拉比和父母的各种故事中知道：自强不息是犹太人的优良传统。困难和挫折吓不倒他们，迫害和残杀也阻碍不了他们前进的道路。从罗马帝国时期开始，犹太民族家园就被侵占，犹太人被迫离开故土，从此流散天涯。在漫长的流亡岁月中，犹太民族虽然灾难不断，几乎遭到灭族之灾。1900 多年过去了，人们发现今天的犹太民族的特性、文学、传统、历法、宗教、语言、文化习俗和勤劳智慧的资质没有因为这些年悲惨的民族历史而分崩离析，他们至今仍然保持着自己的民族特色和民族凝聚力。长期以来他们遭受到大放逐、大迁移、大捕杀，但他们仍做出种种惊天动地的伟业。千百年来，犹太人人才辈出，精英遍布世界。处境恶劣与成果产出形成强烈的反差，这正是这个民族的旺盛生命意识和自强不息的进取精神的反映。犹太孩子们经常听家长讲这样几个实例。

世界连锁店先驱卢宾，是1849年出生于俄国的犹太人。他随父母生活在俄国，在那里受到歧视，不得不移居到英国，在英国生活了两年，由于温饱问题，不得不迁居到美国纽约。在纽约，由于没有条件读书，卢宾16岁那年就到了加州去淘金。可他没有淘着黄金，这迫使他另谋生路。刚开始的时候，他摆卖小日用品，后来逐步发展成大商店，最后创造出连锁商店经营模式，成为大富豪。卢宾的成功，在于没有因几经波折而气馁，在淘不着黄金的情况下，他能够动脑筋，想办法，在千千万万的淘金者身上打主意，想到他们在矿场上需要各种日用必需品，就把这点作为突破口，从此走上了规模经营和连锁销售的发迹之路。

巴拉尼是个犹太人的儿子，年幼时患上了骨结核病，由于家境贫寒，没能医治好，膝关节便永久性僵硬了。但是，他没有因此丧失生活的信心，相反，生理的病痛却增强了他生存下去和创业的决心。他立志学习医学，历尽艰苦，最后终于学有所成。他对医学研究精深，特别对耳科绝症有独到研究。他一生发表了184篇医学科研论文和《半规管的生理学与病理学》、《前庭器的机能试验》这两本很有研究价值的论著。由于他科研成果卓著，受到了所在国奥地利皇家授予的爵位，并于1914年获得诺贝尔生理学及医学奖。可以说，这些荣誉和奖励是对他的自强不息精神的一种奖励。

让我们再从以色列看看犹太人的自强不息精神。这个国家以犹太民族人口占主导地位，占全国人口的83%以上。历尽人间沧桑的犹太人，于1948年才在亚洲西部、地中海东岸的约2万平方千米面积上建立起以色列这个国家。这个国家不但建立较晚，面积狭小，而且土地贫瘠，自然条件恶劣，全国国土有80%~90%是沙漠和荒丘，几乎是“不毛之地”。全国资源贫乏，淡水奇缺。这些，不论是天时或地利对以色列都是不利的。但以色列的犹太人自强不息，靠其民族的顽强生存意识和智慧，经过40多年的努力，使这块土地出现了举世瞩目的奇迹，“不毛之地”长出了丰硕的庄稼。农业不仅使以色列国民自给自足，并成为该国出口创汇的重要组成部分。他们把荒丘和沙漠改造成良田。1949年到1984年间，他们共改造和开发出27.2万公顷可耕土地。由于缺少农业用水，他们以挖掘地下水或远地引排解决，使全国农业用水量从1949年的2.57亿立方米，增加到1984年的13亿立方米。由于气候条件不利，他们以科学调节，这样，使其农业大大发展了。今天，以色列人口是建国初期的8倍多，该国的农业产量比建国初期增长了16倍多。以色列人不但农业方面取得了巨大成就，工业和其他行业同样取得了显著发展。现在，以色列的国民生产总值已人均年超1万美元，已经进入世界经济先进国家行列。

可见，只有那些具有自强不息精神的人才能取得成功。相反，没有自强不息精神的人，会轻易自认不能，妄自菲薄。他们压抑了自我发展的想法和潜力，成功对这种人会敬而远之。家长应该像犹太人那样，帮助孩子克服困难，培养孩子坚持不懈、自强不息的精神。

美在心灵

人生的幸福美满其实只是人的一种感觉，一种心情。外部世界是一回事，我们内心又是一种境界。一个人是欢欣鼓舞、兴高采烈，还是孤独苦闷、垂头丧气，这主要是由我们的心理、态度来支配。事物本身只能影响我们的态度，并不能直接影响我们的心情。

一天，飓风吹过后，在海岸边留下了许多的海蟹。此时的太阳正变得热辣，有一个年轻人在海边游玩，突然看见不远处有个小孩自己在跳舞，走近一看，原来是那个小孩正在把一只只的海蟹放回海里。年轻人笑着说：“孩子，还是算了，别白费力气了！”小孩不解地问：“为什么？”年轻人回答道：“如果这次它们懒得自己爬到海里去，就算你救了它，也是白搭，因为如果以后飓风再来，这些海蟹是不是还会像这次这样幸运呢？孩子，许多时候，我们要学会‘残忍’，就说这些螃蟹吧，我们必须让他们自己独自爬回海里去，这样它们才能生存下去，这就是生存的规则。”那个小孩听了半天最后说：“我不太懂，反正我不能眼睁睁地看着它们这么被太阳晒死，我要帮它们回到海里。我相信海蟹会活下来的，因为我相信每次飓风后，都会有像我一样的小孩出现……”

现实生活当中，为什么我们很多人整天都会感觉到压抑和烦闷，快乐为什么与自己无缘呢？关键在于我们很多人总是被人生中的一些挫折所困扰，其实你不妨试着给自己开辟一个心灵的后花园，把这些烦恼统统抛开。

诗人杜锡达斯，在恒河边人们焚化死者的荒地漫步深思。他发现一个女人正坐在她亡夫尸体的脚边，她衣饰华丽，仿佛要去举行婚礼似的。当她看见他的时候，她站起来向他弯身施礼，说道："请您准许我跟随我的丈夫一起去吧。""为什么？"杜锡达斯问，"为什么不在人间呢？"那女人说："我要和我的丈夫在一起。"杜锡达斯微笑着对她说："回家去吧，我的孩子。不出这个月，你就会找到你的丈夫。"女人满怀希望回去了。杜锡达斯每天去看望她，教给她崇高的思想，让她去思索，直到她的心充满了神圣的爱。月底，她的邻居们去看她，问道："你找到了你的丈夫没有？"这个寡妇微笑着说："我找到啦。"他们急切地问："他在哪儿？""我的丈夫在我心里，跟我合为一体了。"女人说。

一个人光有发达的四肢、健壮的肌体，并不算是一个完全健康的人。在一个发育良好的体内，必须同时具有一种正常而良好的心理，这才是我们获得幸福、取得成功的前提。我们每个人都可能遭受情场失意、官场失位、商场失利等方面的打击；我们每个人都会经受幸福时的欢畅、顺利时的激动、委屈时的苦闷、挫折时的悲观、选择时的彷徨，这就是人生。人生就是一碗酸、甜、苦、辣、咸五味俱全的汤，每种滋味你都可能品尝。

一次，野火烧山，黑烟冲天。凤凰带领百鸟前去救火，远远地看见一只白色羽毛的无名鸟，边飞边喊："着火了，快去救火。"它呼喊着，首先冲向烈火。树下的刺猬，慌慌张张地向洞里钻，说："谁愿救谁去，我逃命要紧。"无名鸟叼根马尾松，拼命地扑打疯狂的山火。它心里只有一个念头："豁出命来，也要保住大伙的森林。"于是它全力以赴扑向熊熊的烈火，可是，无名鸟的羽毛被烧焦了，再也支持不住身子，便跌落在地上，身边有股火苗又慢慢燃烧起来，它忍痛滚过去，用身子压灭了。无名鸟也因此牺牲了。浓烟冲进地洞，呛得刺猬直咳嗽。它受不住了，钻出地洞，蜷缩着身子，头也不敢伸出来。凤凰和百鸟飞过来，扑灭了山火。那时，森林里浓烟翻腾，空气里充满了焦臭味儿。凤凰望着雾腾腾的森林，从身上拔下几根金光灿烂的羽毛，说：“谁能把无名鸟和刺猬的生死情况弄清楚，这羽毛就给谁。”

“哇哇，我先去。”乌鸦抢着飞下去，找到无名鸟的尸体，它用喙扒扒，见无名鸟已停止了呼吸；它扒扒刺猬，刺猬“吱吱”叫唤。乌鸦飞回来，说：“我看清楚啦，无名鸟早已死去，刺猬却还活着。”凤凰好像没听见，说：“谁去看看呢？”“我去。”喜鹊滑翔到地面，它踩了刺猬一脚，又来到无名鸟身旁，用爪子在地上刨了一个坑，把无名鸟埋葬了，还把无名鸟用来扑山火的松枝，端端正正地插在坟头，一切办好后，才飞到树上，说：“我看清楚了，无名鸟还活着，刺猬早已死了。”凤凰点点头，把金色的羽毛交给了喜鹊。“哇哇！”乌鸦带着哭音，说：“凤凰啊，您奖励错了啊！”“没有！”凤凰看着百鸟说，“大伙应该知道，无名鸟为集体利益而死，虽死犹生；刺猬为个人利益而生，虽生犹死。”“轰！”凤凰的话音未落，无名鸟的坟墓上，红光闪闪，彩气腾腾，一只新生的无名鸟飞向天空。凤凰和百鸟赶紧上去迎接它。喜鹊把金光灿烂的羽毛捧了送给它，说：“无名鸟啊，你是我们的英雄，这荣誉应当归于你。”百鸟立刻给无名鸟的翅膀插上这金色的羽毛，从此，它比以往更加美丽，人们就叫它金翅鸟。凤凰、金翅鸟和其他鸟儿，快乐地在蓝天翱翔，欢呼歌唱，其乐无比。刺猬仰头一看，满脸羞愧，一头钻进地洞，从此，它只好在百鸟休息了的深夜出来找点吃的，光明的白天，再也看不到它的影子了。直到今天，金翅鸟还受到人们的普遍喜爱。

有这样一句话说：“世界由两类人组成：一类是意志坚强的人，另一类是心志薄弱的人。后者面临困难挫折时总是逃避，畏缩不前。

面对批评，他们也极易受到伤害，从而灰心丧气。等待他们的也只有痛苦和失败。意志坚强的人不会这样。他们来自各行各业，有体力劳动者，有商人，有母亲，有父亲，有老人，也有年轻人，然而心中都有股与生俱来的坚强特质。”所谓坚强的特质，是指在面对一切困难时，仍有内在勇气承担外来的考验，这就是美丽的心灵。

犹太人长期遭到迫害，必须要面对现代生活中瞬息万变、纷繁复杂的生活，适应快节奏高压力的生活，调适、转换心态的能力必须要加强。正是这种情况促使他们十分注意自身心灵的修养，与此同时，他们也是这样教育他们的子女的。做家长的都应该注意孩子这方面的教育，让他们拥有一颗美丽的心灵，造福社会。

谦卑是最高尚的道德

降低自己的人，上帝抬高他；抬高自己的人，上帝降低他。

在众人面前要谦卑。（《塔木德》）

有这样一句批评自大的话：“没有你，太阳照样东升西下。”

犹太人认为，当人自满自大时，就会失去一个人应有的谦虚及改过向上的念头。因此，虽不认为自大是一种罪过，却认为它是一种愚昧。有很多人总认为自己是世界中心，但是周围的任何人却绝不可能那么重视自己，因此他厌恶别人的漠不关心，同时更为自己没有达到更高的目标而生气，于是就会产生过度的自我嫌恶。在犹太人看来，这也算是自大的一种。因为这种自我嫌恶和虚荣心是互为表里的。

犹太人说：“如果自己的内心已被自己占满时，就再也不会有留给神住的地方了。”

犹太人告诫孩子们不可自大时，常引用《圣经·创世纪》做比喻：

在《创世纪》中，神首先分别光明与黑暗；再分割天空和地面；并将地面划分为水、陆；然后他开始创造生物；到了最后才创造人——亚当。因此，就连跳蚤都比人早到这个世界，所以人有什么了不起呢？

谦虚是美德。因此《塔木德》对谦虚有很严格的规定，告诫人们说：“即使是一个贤人，只要他炫耀自己的知识，他就不如以无知为耻的愚者。”

犹太人有许多嘲笑不谦虚的人的故事。

有一位从事神圣工作的拉比好像在熟睡。他旁边的信徒讨论这位神圣的人无与伦比的美德。

“他是多么虔诚！”一个信徒带着陶醉叫了出来，“在整个波兰也找不到第二个像他这样的人！”

“谁能和他比仁慈？”另一个人狂热地呐喊，“他给人宽广无私的施舍。”

“还有多么温和的脾气！”另一个信徒眼睛发光地低语。

“啊，他是多么的博学！”一个信徒用圣歌般的调子说。

信徒们陷入了沉默。这时这位拉比慢慢地睁开眼睛，用一种受伤害的表情看着他们。

“怎么没有人说说我的谦虚？”他责备说。

这则故事的名字就叫《谦虚的拉比》，它嘲讽了一个毫不谦虚的拉比的愚蠢。

犹太拉比希雷尔据说是一位最谦卑的人，他的名言：“我的谦卑就是我的高贵，我的高贵就是我的谦卑。”

下面这则轶事体现了他这方面的品质：

有两个年轻人打赌，如果谁能让希雷尔拉比发怒，谁就可以赢400元钱。这天刚好是安息日前夜，希雷尔拉比正在洗头。

这时，有个人来敲门，并大声喊道：“希雷尔，希雷尔在家吗？”

希雷尔拉比忙用毛巾包好头问道：“孩子，你有什么事吗？”

“我有一个问题不明白。”年轻人说。

“请讲吧，孩子。”希雷尔拉比说。

“为什么巴比伦人的头是圆的？”年轻人问道。

“这的确是一个重要的问题，原因在于巴比伦人缺乏熟练的产婆。”希雷尔拉比回答。

那个年轻人听完就走了。没过多久，这个年轻人又来了，大声喊道：“希雷尔，希雷尔在家吗？”

希雷尔拉比连忙又包好头，走出门来问道：“孩子，你有什么事吗？”

“我有一个问题不明白。”这个年轻人说。

“那就请讲吧，孩子。”希雷尔拉比说。

“为什么帕尔米拉地方的居民都常烂眼睛？”那人问道。

“这的确是一个重要的问题，因为他们生活在沙尘飞扬的地区。”希雷尔拉比回答。

这个年轻人又说道：“我还有许多问题要问，但我怕惹您生气。”

希雷尔拉比干脆把身上都裹好，坐下来说：“有什么问题，你尽管问吧。”

“你就是那个被人们称为以色列亲王的希雷尔吗？”

“不错。”

“但愿以色列不要有太多像你这样的人。”

“为什么呢？”

“因为为了你，我输掉了 400 元钱。”

希雷尔问明情况后，对他说：“年轻人，希雷尔是值得你为他输掉 400 元钱的，即使再加 400 元钱也不算多，不过希雷尔是肯定不会发火的。”

面对年轻人一次又一次的刁难，希雷尔始终以一种谦卑的态度耐心作答。试想，没有很高的修养，是很难做到这一点的。

另外一位拉比美雅也可称得上是一位谦卑的人：

拉比美雅是一位天才演说家。每个周五晚上，他都要在礼拜堂里宣讲教义，听者数以百计。其中有一位妇女为之着迷不已。

通常周五晚上，犹太妇女都要在厨房准备安息日的饭菜，但是这位崇拜美雅的妇女，每次都到教堂听讲而耽误了家里的事。

美雅讲道时间很长，但听众却觉不出来。有一天，这位妇女听完讲演回到家时，发现丈夫怒气冲冲地在门口等她，看到她就暴跳如雷地骂道：“明天就是安息日了，饭菜还没有准备好，你到哪里去了？”

妇女回答道：“我到教堂去听拉比美雅讲道了。”

丈夫气急败坏地说：“除非你往拉比的脸上吐一口痰，否则你休想再进这个家。”

这位妇女只得暂时借住在朋友家中。

消息传到拉比美雅的耳朵里，他深感不安。自责的同时，他邀请这位妇女到自己家中，对她说：“我的眼睛很痛，用水洗一洗也许会好一些。请你替我洗一洗。”

这位妇人以为美雅是在戏弄她，就朝美雅的眼睛吐了一口痰，便回家了。

弟子们问美雅："您是一位尊贵的受人尊敬的拉比，怎能甘受侮辱而不声不响呢？"

美雅说："只要能挽回一个家庭的和睦，任何牺牲都是值得的。"

这就是高贵人的谦卑之处。

第四章

阳光心态：以积极的态度面对人生

活着就是幸福

苦痛、伤害、低迷等，一切的一切仅仅是生活中小小的注脚而已。活着，即意味着追求幸福的资本和契机。

有位青年，厌倦了生活的平淡，感到一切只是无聊和痛苦。

为寻求刺激，青年参加了挑战极限的活动。

活动规则是：一个人待在山洞里，无光无火亦无粮，每天只供应5千克的水，时间为整整5个昼夜。

第一天，青年颇觉刺激。

第二天，饥饿、孤独、恐惧一齐袭来，四周漆黑一片，听不到任何声响。于是他有点向往起平日里的无忧无虑来。

他想起了乡下的老母亲不远千里地赶来，只为送一坛韭菜花酱及小孙子的一双虎头鞋。

他想起了终日相伴的妻子在寒夜里为自己掖好被子。

他想起了宝贝儿子为自己端的第一杯水。

他甚至想起了前天与他发生争执的同事曾经给自己买过的一份工

作餐……

渐渐地，他后悔起平日里对生活的态度来：懒懒散散，敷衍了事，冷漠虚伪，无所作为。

到了第三天，他几乎要饿昏过去。可是一想到人世间的种种美好，便坚持了下来。第四天、第五天，他仍然在饥饿、孤独、极大的恐惧中反思过去，向往未来。

他责骂自己竟然忘记了母亲的生日；他遗憾妻子分娩之时未尽照料的义务；他后悔听信流言与好友分道扬镳……他这才觉出需要他努力弥补的事情竟是那么多。可是，连他自己也不知道，他能不能挺过最后一关。此时，泪流满面的他发现：洞门开了。

阳光照射进来，白云就在眼前，淡淡的花香，悦耳的鸟鸣——他又迎来了一个美好的人间。

青年扶着石壁蹒跚着走出山洞，脸上浮现出了一丝难得的笑容。5天来，他一直用心在说一句话，那就是：活着，就是幸福。

放下死亡的包袱，敲开自己的心扉，积极地对待生活中的每一天，你才能好好地活着。

一位名人去世了，朋友们都来参加他的追悼会。昔日前呼后拥、香车宝马的名人躺在骨灰盒里，百万家财不再属于他，宽敞的楼房也不再属于他，他所拥有的只有一个骨灰盒大小的空间，山珍海味浇灌的肚子也化成了一把灰烬。

从名人的追悼会上回来，几乎每一个人都会产生看破红尘的念头，那么聪明的一个人，那么会算计的一个人，每一个曾经与他斗的人最终都败下阵来，可是他斗来斗去也斗不过命。撒手人寰以后，一切都是空。

人们想：趁现在好好活着吧，活着就是幸福，什么利、权、势，轰轰烈烈了一世，最后还不是一个人孤零零地上路？以前踩着那么多人的肩膀向上爬，得罪了那么多人，值得么？

追悼会是一次洗礼。从死亡的身边经过以后，才知道活着是怎么回事。

明天还是要忙忙碌碌地奔波，钩心斗角地生活。

一边是死亡的震撼，一边是活着的琐碎，我们很容易被死亡所震撼，然而我们更容易被活着的琐碎所淹没。不要去在意那些繁杂的纠葛，活着就是幸福，让我们好好珍惜现在鲜活的生命。

态度决定人生的高度

人的一生中，要紧处只有几步，如何使自己的生命更有意义，态度至关重要。

一天，有位犹太拉比带弟子们出行。途中，他问弟子们："有一种东西，跑得比光速还快，瞬间能穿越银河系，到达遥远的地方……这是什么？"弟子们争着回答："我知道、我知道，是思想！"

拉比微笑着点点头："那么，有另外一种东西，跑得比乌龟慢，当春花怒放时，它还停留在冬天；当头发雪白时，它仍然是个小孩子的模样，那又是什么？"

弟子们不知如何回答。

"还有，不前进也不后退，没出生也不死亡，始终漂浮在一个定点。谁能告诉我，这又是什么？"

弟子们更加茫然，面面相觑。

"答案都是思想！它们是思想的三种表现，换个角度来看，也可比喻成三种人生。"

望着聚精会神的弟子们，哲学家解释说："第一种是积极奋斗的人生：当一个人不断力争上游，对明天永远充满希望和信心，这种人的心灵不受时空限制，他就好比一只射出的箭矢，总有一天会超越光速，驾驭万物之上。

"第二种是懒惰的人生：他永远落在别人的屁股后面，捡拾他人丢弃的东西，这种人注定被遗忘。

"第三种是醉生梦死的人生：当一个人放弃努力、苟且偷安时，他的命运是冰封的，没有任何机会来敲门，不快乐也无所谓痛苦。这是一个注定悲哀的人，像水母的空壳漂浮于海中，不存在于现实世界，也不在梦境里……"

弟子们大悟。播种怎样的人生态度，将收获怎样的生命高度和深度。

以微笑面对不幸

一颗高尚的心应当承受灾祸而不是躲避灾祸，因为承受灾祸显示了意志的崇高，而躲避灾祸显示了内心的怯懦。

在美国艾奥瓦州的一座山丘上，有一座不含任何合成材料、完全用自然物质搭建而成的房子。住在里面的人需要依靠人工灌注的氧气生存，并只能以传真的形式与外界联络。

这个房子里的主人叫辛蒂。1985 年，辛蒂还在医科大学念书。有一次，她到山上散步，带回了一些蚜虫。回来后，她拿起杀虫剂为蚜虫去除化学污染，就在这时，她突然感觉到一阵痉挛。她原以为那只是暂时性的症状，却没有料到自己的后半生从此变得悲惨至极。

原来，这种杀虫剂内所含的一种化学物质使辛蒂的免疫系统遭到破坏，使她对香水、洗发水及日常生活中可接触的所有化学物质一律过敏，甚至连空气也可能使她的支气管发炎。这种“多重化学物质过敏症”是一种奇怪的慢性病，到目前为止仍无药可医。

患病的前几年，辛蒂一直流口水，尿液变成绿色，有毒的汗水刺激背部形成了一块块疤痕：她甚至不能睡在经过防火处理的床垫上，否则就会引发心悸和四肢抽搐——辛蒂所承受的痛苦是令人难以想象的。1989 年，她的丈夫吉姆用钢和玻璃为她盖了一所无毒房子，一个足以逃避所有威胁的“世外桃源”。辛蒂所有吃的、喝的都得经过选择与处理，她平时只能喝蒸馏水，食物中不能含有任何化学成分。

多年来，辛蒂没有见到过一棵花草，听不见一声悠扬的歌声，阳光、流水和风等正常人毫不费力就可以拥有的美好东西，她都无法享有。她躲在没有任何饰物的小屋里，饱尝孤独之苦。更可悲的是，无论怎样难受，她都不能哭泣，因为她的眼泪跟汗液一样也是有毒的物质。

坚强的辛蒂并没有在痛苦中自暴自弃，她一直在为自己，同时更为所有化学污染物的牺牲者争取权益。辛蒂在生病后的第二年，就创立了“环境接触研究网”，以便为那些致力于此类病症研究的人士提供一个窗口。1994 年辛蒂又与另一组织合作，创建了“化学物质伤害资讯网”，保证人们免受化学物质威胁。目前这一资讯网已有 5000 多名来自 32 个国家的会员，不仅发行了刊物，还得到美国上议院、欧盟及联合国的大力支持。

在最初的一段时间里，辛蒂每天都沉浸在痛苦之中，想哭却不能哭。随着时间的推移，她渐渐改变了生活的态度，她说：“在这寂静的世界里，我感到很充实。因为我不能流泪，所以我选择了微笑。”因为她知道每一种生命都有自身的价值，因为在绝境中她仍然能看到自己的价值所在。

不要试图和自己过不去

人，就是一条河，河里的水流到哪里都还是水，这是无异议的。但是，河有狭、有宽、有平静、有清澈、有冰冷、有混浊、有温暖等现象，而人也一样。

两个都有着亚洲血统的犹太孤儿，后来都被来自欧洲的外交官家庭所收养。两个人都上过名校，但他们两个人之间存在着不小的差别：其中一位是 40 岁出头的成功商人，他实际上已经可以退休享受人生了；而另一个是学校教师，收入一般，并且一直觉得自己很失败。

有一天，他们在一起吃晚饭。晚餐在烛光映照中开场了，不久话题进入了在国外的生活。因为在座的几个人都有过周游列国的经历，所以他们开始谈论在异国他乡的趣闻轶事。随着话题的一步步展开，那位学校教师开始越来越多地讲述自己的不幸：她是一个如何可怜的孤儿，又如何被欧洲来的父母领养到遥远的瑞士，她觉得自己是如何的孤独等。

开始的时候，大家都表现出同情。随着她的怨气越来越重，那位商人变得越来越不耐烦，终于忍不住在她面前把手一挥，制止了她的叙述：“够了！你说完了没有？！你一直在讲自己有多么不幸。你有没有想过如果你的养父母当初在成百上千个孤儿中挑了别人又会怎样？”

学校教师直视着商人说："你不知道，我不开心的根源在于……"然后接着描述她所遭遇的不公正待遇。

最终，商人朋友说："我不敢相信你还在这么想！我记得自己25岁的时候无法忍受周围的世界，我恨周围的每一件事，我恨周围的每一个人，好像所有的人都在和我作对似的。我很伤心无奈，也很沮丧。我那时的想法和你现在的想法一样，我们都有足够的理由报怨。"他越说越激动。"我劝你不要再这样对待自己了！想一想你有多幸运，你不必像真正的孤儿那样度过悲惨的一生，实际上你接受了非常好的教育。你负有帮助别人脱离贫困漩涡的责任，而不是找一堆自怨自艾的借口把自己围起来。在我摆脱了顾影自怜，同时意识到自己究竟有多幸运之后，我才获得了现在的成功！"

那位教师深受震动。这是第一次有人否定她的想法，打断了她的凄苦回忆，而这一切回忆曾是多么容易引起他人的同情。

商人朋友很清楚地说明他二人在同样的环境下历经挣扎，而不同的是他通过清醒的自我选择，让自己看到了有利的方面，而不是不利的阴影，"凡墙都是门"，即使你面前的墙将你封堵得密不透风，你也依然可以把它视作你的一种出路。

至少我还有腿

总有一些人觉得自己很不幸，这个不如意，那个不顺心，每天都在怨天尤人。而或许，在你面前的风景其实并没有想象中那么差，只是眼前的障碍物挡住了你的视线。

希望是苦难的唯一药方。

卡特曾经是一个对一切都不满意的人，所以整天都不快乐。但是在 1934 年春天，当他在威培城道菲街散步的时候，目睹了一件事，使他的一切烦恼从此消解。这件事发生在 10 秒钟内，而他自称在这 10 秒钟里所学到的东西，比从前 10 年还要多。

当时卡特在威培城开了一家杂货店，经营了两年，不但把所有的积蓄都赔掉了，而且还负债累累。就在上一个星期六，他这家杂货店终于关门了。当时，他正在向银行贷款，准备回老家找工作。连他走路的样子看起来都像是一个毫无生气的人，因为他已经失去了信念和斗志。

这时，卡特突然瞧见一个没有腿的人迎面而来，他坐在一个木制的有轮子的木板上，他两只手各撑着一根木棒，沿街推进。卡特恰好在他过街之后碰见他，他正朝人行道滑去，他俩的视线刚好相碰了。他微笑着，向卡特打了个招呼："早安，先生！天气很好，不是吗？"他的声音是那样富有感染力，那样有精神，好像根本就不是一个身体有缺陷的人。

面对那个坐在轮椅上的先生自信的目光，卡特觉得自己才是一个残疾者！他对自己说："既然他没有腿也能快乐高兴，我当然也可以。至少我还有腿！"

顿时，卡特感到心胸豁然开朗，他想："我本来只想向银行借 100 元钱，但是，我现在有勇气向银行借 200 元了。我本来想到的只是回老家求人帮忙，随便找一件事做，但是，现在我自信地宣布，我要到堪萨斯城获得一份好工作。"最后他钱也借到了，工作也找到了。

后来，卡特把这次经历中的感想写了下来，贴在自己浴室的镜子上，每天早晨刮脸的时候。他都要大声地朗读一遍：

"我苦恼，因为我没有鞋。

直到在街上遇见一个人，
他没有脚！”

人生光明面

心态是我们命运的控制塔，悲观是失败、疾病与痛苦的源流，而乐观是成功、健康、快乐的保证！

无论情况好坏都要抱着积极的心态，莫让沮丧取代热心，生命可以价值很高，也可以一无是处，随你怎么选择。

美国亿万富翁约翰·洛克菲勒曾说过这样一句话：“心态是一把双刃剑，是人人都有的精神物质。”的确，心态这一看不见的法宝会产生两种惊人的力量：它可以让你获得财富、拥有幸福、健康长寿；也能让这些东西远离你，剥夺一切使你的生活富有意义的东西。在这两种力量中，前者——积极心态，可以使你达到人生的顶峰，尽享成功的快乐和美好；后者——消极心态，则可以使你整个一生都陷于困难与不幸中。

一位忧愁的人找到智者，向他不断地诉苦。

智者对他说：“拿张纸来，把你剩余的资产一一记下来。”他叹息：“我已经一无所有了。”

“没有关系，让我们试试看，你太太还在你身边吗？”……“你的孩子呢？”……“你的朋友呢？”……“你的诚信情况？”……“你的健康？”……“对于我们的政府？”

“现在，把你拥有的资产列举出来吧！”

· 了不起的妻子，结婚 30 年；

· 愿意帮助我的 3 个乖顺的孩子；

· 乐于帮助我，并尊敬我的好友；

· 诚实……没有做过可耻的事；

· 良好的健康状况；

· 居住在世界上优秀的国家里。

终于，忧愁者露出了笑容，对智者说："我好像从没有想过这些事，甚至从来没有思考过。不过，现在我认为事态并不如我想象的那般严重。如果我能获得某些自信，或许我真的能够重新再来！"

请以合理、正确的态度对你所拥有的重新评估，将有助于你认清事实，进而了解，情况并没有你所想象的那般糟糕。

如何面对人生的得失？这其实取决于你的心态，平和、乐观、积极的心态会让丧失变为再度获取的基石，而悲观、消极的心态则会让丧失成为埋葬成功的坟墓。有人说，生活就像一面镜子，你用怎样的心态对待它，它就用怎样的态度对待你。的确，心态是世界上最神奇的力量，它常常栖息在你的心灵深处，悄无声息地左右你的思想和判断，控制你的情感与行动。

冷遇也是一种幸运

对冷遇说声感谢吧，它是另一种动力和幸运。

有时候，白眼、冷遇、嘲讽会让弱者低头走开，但对强者而言，这也是另一种幸运和动力。

美国人常开玩笑说，是一位布朗小姐的厚此薄彼，才刺激"造就"了一位美国总统。

原来故事是这样的：

在读高中毕业班时，查理·罗斯是最受老师宠爱的学生。他的英文老师布朗小姐，年轻漂亮，富有吸引力，是校园里最受学生欢迎的老师。同学们都知道查理深得布朗小姐的青睐，他们在背后笑他说，查理将来若不成为一个人物，布朗小姐是不会原谅他的。

在毕业典礼上，当查理走上台去领取毕业证书时，受人爱戴的布朗小姐站起身来，当众吻了一下查理，给他来了个出人意料的祝贺。

当时，人们本以为会发生哄笑、骚动，结果却是一片静默和沮丧。

许多毕业生，尤其是男孩子们，对布朗小姐这样不怕难为情地公开表示自己的偏爱感到愤恨。不错，查理作为学生代表在毕业典礼上致告别词，也曾担任过学生年刊的主编，还曾是“老师的宝贝”，但这就足以使他获得如此之高的荣耀吗？典礼过后，有几个男生包围了布朗小姐，为首的一个人质问她为什么如此明显地冷落别的学生。

“查理是靠自己的努力赢得了我的赏识，如果你们有出色的表现，我也会吻你们的。”布朗小姐微笑着说。

男孩们得到了些安慰，查理却感到了更大的压力。他已经引起了别人的嫉妒，并成为少数学生攻击的目标。他决心毕业后一定要用自己的行动证明自己值得布朗小姐报之一吻。毕业之后的几年内，他异常勤奋，先进入了报界，后来终于大有作为，被杜鲁门总统亲自任命为白宫负责出版事务的首席秘书。

当然，查理被挑选担任这一职务也并非偶然。原来，在毕业典礼后带领男生包围布朗小姐，并告诉她自己感到受冷落的那个男孩子正是杜鲁门。

查理就职后的第一件事，就是接通布朗小姐的电话，向她转述美国总统的问话：“您还记得我未曾获得的那个吻吗？我现在所做的能够得到您的吻吗？”

生活中，当我们遭到冷遇时，不必沮丧，不必愤恨，唯有尽全力赢得成功，才是最好的答复与反击。

不幸造就的天才

幸福可以转化为苦难，苦难也能演变成幸福，一切只看你的态度与行动。

上天常常如此捉弄世人，给了你这样礼物，再拿走那样。善待苦难、厄运，你才能在另一面寻觅到奇迹。

有这样一个不幸者，4 岁时，一场麻疹和强直性昏厥症，差点使他进入棺材。7 岁时患上了严重的肺炎，不得不进行大量的放血治疗。46 岁牙床突然长满脓疮，拔掉了几乎所有的牙齿。牙病才刚刚痊愈，又染上可怕的眼疾，视线不再清晰，只能靠人搀扶着走路，于是幼小的儿子成了他手中的拐杖。50 岁后，关节炎、肠道炎、喉结核等多种疾病吞噬着他的肌体。后来声带也坏了，靠儿子按口型翻译他的思想。他仅活到 57 岁，就口吐鲜血而亡。死后尸体也备受磨难，先后搬迁了 8 次。

他所遭受的苦难实在太残酷无情了。

而这个人似乎觉得这还不够深重，又给生活设置了各种障碍和漩涡。他长期把自己囚禁起来，每天练琴 10~12 小时，忘记饥饿和死亡。13 岁起，他就周游各地，过着流浪生活。

但他另一面的人生足以让人瞠目结舌：12 岁他就举办首场音乐会，并一举成名，轰动舆论界。之后他的琴声遍及法、意、奥、德、英、捷等国。他的演奏使帕尔玛首席提琴家罗拉惊异得从病榻上跳下来，木然而立，无颜收他为徒。

听了他的琴声，卢卡观众欣喜若狂，宣布他为共和国首席小提琴家。在意大利巡回演出时，人们到处传说他一定有魔鬼暗授他妖术，要不怎么他的琴声会魔力无穷。维也纳一位盲人听他的琴声，以为是乐队演奏，当得知台上只有他一人时，大叫一声“他是个魔鬼”，然后竟然逃走了。巴黎人为他的琴声陶醉，早忘记了当时正在流行的严重霍乱，演奏会依然场场爆满……

凭借独特的指法、弓法和充满魔力的旋律，他征服了整个欧洲和世界，几乎欧洲所有文学艺术大师，如大仲马、巴尔扎克、司汤达等都听过他的演奏并为之震动。音乐评论家勃拉兹称他为“操琴弓的魔术师”；歌德评价他“在琴弦上展现了火一样的灵魂”；李斯特大喊：“天啊，在这四根琴弦中包含着多少苦难、痛苦和受到残害的生灵啊！”

他就是文艺史上的三大怪杰之一、伟大的小提琴家帕格尼尼。

将苦难当作情人，予以悲壮、热烈的拥抱，命运之神终会向你微笑。

生命的恩赐

万事万物，世间的一切名誉、地位最终统统都会随风而逝，而个人的终极命运则是“荒冢一堆草没了”。生让所有人平等，而死亡则会使卓越的人凸显出来。

在生命的黎明时分，走来一位带着篮子的仁慈仙女，她对一个少年说：

“篮子里都是礼物，你挑一样吧，而且只能带走一样。小心些，做出明智的选择。哦，之所以要你做出明智的抉择，因为，这些礼物当中只有一样是宝贵的。”

礼物有 5 种：名望、爱情、财富、欢乐、死亡。少年人迫不及待地说：“这根本没有必要考虑，我选择欢乐。”

他踏进社会，寻欢作乐，沉湎其中。可是，到头来每一次欢乐都是短暂、沮丧、虚妄的。它们在行将消逝时都嘲笑他。最后，他颇为后悔地说：“这些年我都白过了。假如我能重新挑选，我一定会做出明智的选择。”

话音未落，仙女出现了，说：“还剩 4 样礼物，再挑一次吧，哦，记住，光阴似箭，要做出明智的选择。这些礼物当中只有一样是宝贵的。”

这个男人这次很慎重，沉思良久，然后挑选了爱情。仙女见此，眼里涌出了泪花。但是，这个男人并没有觉察到。

很多年过去了，这个男人坐在一间空屋里，守着一口棺材。他神情沮丧，喃喃自语道：“她们一个个抛下我走了。如今，最后一个最亲密的人也躺在这儿了。一阵阵孤寂朝我袭来。爱情这个滑头的商人，每卖给我一小时的欢娱，我就需要付出一个小时的悲伤。我从心底里诅咒它呀。”

“重新挑吧，”仙女又出现了，说，“岁月无疑把你教聪明了。还剩 3 样礼物。记住，它们当中只有一样是有价值的，注意选择。”

这个男人沉吟良久，然后小心翼翼地挑了名望。仙女叹了口气，扬长而去。

很多很多年以后，仙女又回来了。此时，那个男人正独坐在暮色中冥想。她站在他的身后，她明白他的心思：

“我名扬全球，有口皆碑。我虽有一时之喜，但毕竟转瞬即逝！忌妒、诽谤、中伤、嫉恨、迫害却接踵而来，然后便是嘲笑，这是收场的开端；一切的末了，则是怜悯，它是名望的葬礼。哦，出名的辛酸和悲伤啊！声名卓著时，遭人唾骂；声名狼藉时，受人轻蔑和怜悯。”

“再挑吧。”仙女开口说，“别绝望，还剩两样礼物，记住我的礼物中只有一样是宝贵的，而且你很幸运，它还在这儿呢。”

“财富，它就是权力！我真瞎了眼呀！”那个男人疯狂地叫喊着，“现在，我终于挑选到生命中最有价值的礼物了。我要挥金如土，大肆炫耀。那些惯于嘲笑和蔑视的人将匍匐在我脚前的污泥中。我要用他们的忌妒来喂饱我饥饿的心魂。我要享受一切奢华，一切快乐，以及精神上的一切陶醉，肉体上的一切满足。我要买名望、买遵从、买崇敬——庸碌的人间商场所能提供的人生的种种虚荣享受。在这之前，那些糊涂的选择让我失去了许多时间。那时我懵然无知，尽挑那些貌似最好的东西。”

短暂的3年过去了。一天，那个男人坐在一间简陋的顶楼里瑟瑟发抖。他衣衫褴褛，身体憔悴，脸色苍白，双眼凹陷。他一边咀嚼一块干面包皮，一边愤愤地嘀咕道：

“为了那种种卑劣的事端和镀金的谎言，我要诅咒人间的一切礼物，以及一切徒有虚名的东西！它们根本不是礼物，只是些暂借的东西罢了。欢乐、爱情、名望、财富，都只是些暂时的伪装，它们永恒的真相是痛苦、悲伤、羞辱、贫穷。仙女说得一点不错，她的礼物之中只有一样是宝贵的，只有一样是有价值的。现在我知道，与那无价之宝相比，这些东西是多么可怜卑贱啊！那珍贵、甜蜜、仁厚的礼物呀！沉浸在无梦的永久酣睡之中，折磨肉体的痛苦和咬啮心灵的羞辱、悲伤便一了百了。给我吧！我疲倦了，我要安息。”

仙女又出现了，而且又带来了4样礼物，唯独没有死亡。她说：

“我把它给了一个母亲的爱儿——一个小孩子。他虽懵然无知，却信任我，求我代他挑选。你没要求我替你选择啊！”

“哦，我真惨啊！那么留给我的是什么呢？”

“侮辱，你只配遭受垂垂暮年的反复无常的侮辱。”

不完满才是人生

人生当有不足，因为不完美才让人们有盼头、有希望。古人常说，人生不如意事十之八九，聪明的人常想一二。

一位名叫奥里森的人希望寻找到一个完美的人生，他某天有幸遇到了一位女士，她告诉奥里森她能帮他实现愿望，并把他带到了一所房子前让他选择他的命运。

奥里森谢过了她，向隔壁的房间走去。

里面的房间有两个门，第一个门上写着“终生的伴侣”，另一个门上写的是“至死不变心”。奥里森忌讳那个“死”字，于是便迈进了第一个门。接着，又看见两个门，左边写着“美丽、年轻的姑娘”，右面则是“富有经验、成熟的妇女和寡妇们”。

当然可想而知，左边的那扇门更能吸引奥里森的心。可是，进去以后，又有两个门。上面分别写的是“苗条、标准的身材”和“略微肥胖、体型稍有缺陷者”。用不着多想，苗条的姑娘更中奥里森的意。

奥里森感到自己好像进了一个庞大的分拣器，在被不断地筛选着。下面分别看到的是他未来的伴侣操持家务的能力，一扇门上是“爱织毛衣、会做衣服、擅长烹调”，另一扇门上则是“爱打扑克、喜欢旅游、需要保姆”。当然爱织毛衣的姑娘又赢得了奥里森的心。

他推开了把手，岂料又遇到两个门。这一次，令人高兴的是，介绍所把各位候选人的内在品质也都分了类，两个门分别介绍了她们的精神修养和道德状态："忠诚、多情、缺乏经验"和"天才、具有高度的智力"。

奥里森确信，他自己的才能已能够应付全家的生活，于是，便迈进了第一个房间。里面，右侧的门上写着"疼爱自己的丈夫"，左侧写的是"需要丈夫随时陪伴她"。当然奥里森需要一个疼爱他的妻子。下面的两个门对奥里森来说是一个极为重要的抉择：上面分别写的是"有遗产，生活富裕，有一幢漂亮的住宅"和"凭工资吃饭"。

理所当然地，奥里森选择了前者。

奥里森推开了那扇门，天啊，一位身穿浅蓝色制服的门卫向奥里森走来。他什么话也没有说，彬彬有礼地递给奥里森一个玫瑰色的信封。奥里森打开一看，里面有一张纸条，上面写着："您已经'挑花了眼'。人不总是十全十美的。在提出自己的要求之前，应当客观地认识自己。"

没有卖不出去的豆子

罗曼·罗兰说："所谓内心的快乐，是一个人过着健全的、正常的、和谐的生活所感到的快乐。"对于一个乐观者而言，"倒霉"与他绝缘。

以智慧著称的犹太人说："这个世界上卖豆子的人应该是最快乐的！因为他们永远不必担心豆子卖不出去。"假如他们的豆子卖不出去，可以拿回家磨成豆浆，然后拿出来卖给行人，如果豆浆卖不完，可以制成豆腐，如果豆腐卖不成，变硬了，就当作豆腐干来卖。如果豆腐干卖不出去的话，就把这些豆腐干腌制起来变成腐乳。

另外一种选择是：卖豆子的人把卖不出去的豆子拿回家，加上水，让豆子发芽，几天后就可以改卖豆芽了。豆芽如果卖不动，就让它长大些，变成豆苗。如果豆苗还是卖不动，就让它再长大些，移植到花盆，当作盆景来卖，如果盆景卖不出去的话，那么再把它移植到泥土里，让它生长，几个月后，它结出许多新豆子，一颗豆子变成上百颗豆子，想想是多划算的事！

原来，小小的豆子，也可以让人如此快乐。

生活中，我们经常看到许多人，成天乐呵呵的，自己十分羡慕，却又学不来。总觉得现实中烦人的事经常出现，哪能乐得起来呢？其实，诚如古语所说："仁者乐山，智者乐水。"欧阳修说："山水之乐，得之心而寓之酒也。"即是说，如果自己心中无乐，再好的山水也不会使你快乐。

永远保持乐观的精神状态，经常"笑一笑"，不仅可以"十年少"，而且对我们事业的成功也大有裨益。俄国伟大的诗人普希金，曾写诗劝慰他的一位对人生充满失望与忧伤的朋友，希望这位朋友从痛苦的阴影中走出来，重新焕发对生活的乐观情绪。诗的结尾这样说：

啜饮欢乐到最后一滴吧！

潇洒地活着，不要忧心！

顺遂生命的瞬息过程吧！

在年轻的时候，你该年轻！

这最后一行饱含深情的嘱语，很值得人们永久地思忖。

快乐在于心灵的富有

快乐只在于心灵的富有，如果它可以用钱买到，大多数人都会因价格贵得离谱而不快乐。

快乐是一种心境，跟财富、环境和年龄无关。

50 多年前，美国知名小提琴家梅纽因到日本演出，听说有一个擦鞋童为了听他的音乐会，想方设法凑钱买了一张最便宜的票。谢幕后，梅纽因穿越了贵宾席上的社会名流的盛情簇拥，径直来到低档席，找到了那位擦鞋童，轻轻地问他需要什么帮助。孩子羞怯地说："我什么都不需要，只想听听你的琴声。"

热泪盈眶的梅纽因，一把搂住衣衫褴褛的孩子，把心爱的小提琴送给了他。

转眼间，30 年过去了。当梅纽因再度访日演出时，回忆起了当年的情景，他想方设法找到了在一家贫民救济院工作的小知音。梅纽因得知，30 年来尽管小知音的生活清贫、坎坷，却多次决然地拒绝了想以高价购琴的人。

这次会面，他仍和第一次一样回答梅纽因："我什么也不需要，只想听听你的琴声。"梅纽因默默地接过那把阔别 30 年的旧琴，奏起当年的那支旧曲，所有在场的人无不落泪。

远隔时空，我们无法听到梅纽因的琴声，却能够用心演绎那支曲子，在人们共享的美好时光里，依然那么动人。

这个动人的故事验证了这样一句话：幸福的程度与金钱无关，心灵的富有才是最富有的。

你最喜欢的就是世上最好的

快乐的标准不一。无论是你拥有的，还是未曾拥有的；复杂的，还是简单的；便宜的，还是昂贵的；实在的，还是虚无的；只要你喜欢，它就是最好的。

一天，一个终日愁苦的青年去拜见一位大师以求得到快乐的良方。大师说：“只有世界上你认为最好的东西才能使你快乐。”

于是，他辞别妻儿，踏上了寻找世界上最好的东西的漫漫旅途。

第一天，他遇见了一位重病患者，他问：“你知道世界上最好的东西是什么吗？”病人恹恹地说：“那还用问吗？是健康的体魄。”青年想：“健康？我每天都拥有，算不上世界上最好的东西。”

第二天，他遇见了一个正玩耍的孩童，他问：“你知道世界上最好的东西是什么吗？”孩童想了想，说：“是一大堆玩具啊。”这个人摇了摇头，继续去寻找世界上最好的东西。

接着，他又先后遇到了一个老者、一个商人、一个画家、一个囚犯、一个母亲和一个女孩。

老者说：“年轻是世界上最好的东西。”

商人说：“利润是世界上最好的东西。”

画家说：“色彩是世界上最好的东西。”

囚犯说：“自由是世界上最好的东西。”

母亲说：“我的宝贝孩子是世界上最好的东西。”

女孩说：“我爱过一个青年，他脸上那灿烂的笑容是世界上最好的东西。”

唉！没有一个回答令他满意。

失望的他继续走啊走啊，最后，他穿过熙熙攘攘的人群，带着五花八门的“答案”又回到了大师那里。

大师见他回来了，似乎知道了他的遭遇和失望，微笑着说：“先不要去追究你的问题，它永远不会有一个确切而唯一的答案。你现在考虑这样一个问题——把你最喜欢的东西和情景找出来，告诉我。”

此时，青年饥寒交迫、蓬头垢面。他想了一会儿，对大师说：“我出门很多天了，我想念我亲爱的妻子和可爱的孩子，想念一家人冬夜里围着火炉谈笑聊天的情景……”说到这里，他长叹一声：“那是我现在最喜欢的东西啊！”

大师拍了拍他的肩，说：“回去吧！你最好的东西在你的家里，它们可以使你快乐起来。”

青年疑惑地问：“可我就是从那里走出来的啊！”

大师笑了，说：“你出来之前，不知道自己喜欢什么东西；你出来之后——比如现在，你已经知道自己喜欢什么样的东西了。”

青年醒悟。

每个人的心目中，关于最好的、最快乐的答案各不相同，但有一点是相似的：最喜欢的，即是世上最好的。

保持自己本色，就会靠近幸福的天堂

不必为了世人的目光而活着，生活是你自己的。你有权利把它打造得像你，而非其他的一切人。

伊笛丝从小就特别敏感而腼腆，她的身体一直太胖，而她的脸使她看起来比实际还胖得多。伊笛丝有一个很古板的母亲，她认为把衣服弄得漂亮是一件很愚蠢的事情。她总是对伊笛丝说："宽衣好穿，窄衣易破。"而母亲总照这句话来帮伊笛丝穿衣服。所以，伊笛丝从来不和其他的孩子一起做室外活动，甚至不上体育课。她非常害羞，觉得自己和其他的人都不一样，完全不讨人喜欢。

长大之后，伊笛丝嫁给一个比她大好几岁的男人，可是她并没有改变。丈夫一家人都很好，也充满了自信。伊笛丝尽最大的努力要像他们一样，可是她做不到。他们为了使伊笛丝开朗而做的每一件事情，都只是令她更退缩到她的壳里去。伊笛丝变得紧张不安，躲开了所有的朋友，情形坏到她甚至怕听到门铃响。伊笛丝知道自己是一个失败者，又怕她的丈夫会发现这一点，所以每次他们出现在公共场合的时候，她假装很开心，结果常常做得太过分。事后，伊笛丝会为这个难过好几天，最后不开心到使她觉得再活下去也没有什么意思了，伊笛丝开始想自杀。

后来，是什么改变了这个不快乐的女人的生活呢？只是一句随口说出的话。随口说的一句话，改变了伊笛丝的整个生活，使她完全变成了另外一个人。

有一天，她的婆婆正在谈自己怎么教养几个孩子，她说："不管事情怎么样，我总会要求他们保持本色。"

"保持本色！"就是这句话！一刹那，伊笛丝发现自己之所以那么苦恼，就是因为她一直在试着让自己适应一个并不适合自己的模式。

伊笛丝后来回忆道："在一夜之间我整个人都改变了。我开始保持本色。我试着研究我自己的个性、自己的优点，尽我所能去学色彩和服饰知识，尽量以适合我的方式去穿衣服。我主动地去交朋友，我参加了一个社团组织——起先是一个很小的社团——他们让我参加活动，把我吓坏了。可是我每一次发言，就增加了一点勇气。今天我所拥有的快乐，是我从来没有想过可能得到的。”

拥有一颗爱的心

世界上最大的悲剧是一个人大言不惭地说：“没人给过我任何东西！”这种人不论生活贫穷还是富有，他的灵魂一定是贫乏的。

以前，有一个犹太女孩名叫埃尔莎。她有一位年纪很大的老奶奶，头发都白了，脸上也布满了皱纹。

埃尔莎的父亲在山上有一栋大房子。

每天，太阳都从南边的窗户里射进来。房子里的每件东西都亮亮的，漂亮极了。

奶奶住在北边的屋子里。太阳从来照不进她的屋子。

一天，埃尔莎对她的父亲说：“为什么太阳照不进奶奶的屋子呢？我想，她也是喜欢阳光的。”

“太阳公公的头探不进北边的窗户。”她父亲说。

“那么，我们把房子转个方向吧，爸爸。”

“房子太大了，不好转。”她爸爸说。

“那奶奶就照不到一点阳光了吗？”埃尔莎问。

“当然了，我的孩子，除非你给她带一点进去。”

从那以后，埃尔莎就想啊想啊，想着如何能带一点阳光给奶奶。

当她在田野里玩耍的时候，她看到小草和花儿都向她点头。鸟儿一边从这棵树跳到那棵树，一边唱着甜美的歌儿。

世间万物好像都在说：“我们热爱阳光，我们热爱明亮、温暖的阳光。”

“奶奶肯定也是喜欢阳光的，”孩子想，“我一定要带一点给她。”

一天早晨，她在花园里玩时，看到了太阳温暖的光线照到了她金色的头发上。然后，她低下头，看到衣摆上也有阳光。

“我要用衣服把阳光包住，”她想，“然后把它们带进奶奶的房子。”于是，她跳了起来，跑进了奶奶的屋子。

“看，奶奶，看！我给你带来了一些阳光！”她叫着。然后，她打开了她的衣服，可是看不到一丝阳光。

“孩子，阳光从你的双眼里照出来了，”奶奶说，“它们在你金色的头发里闪耀。有你在我身边，我就拥有阳光了。”

埃尔莎不懂为什么她的眼睛里可以照出阳光。但她很愿意让奶奶高兴。

每天早上，她都在花园里玩耍。然后，她跑进奶奶的房子里，用她的眼睛和头发，给奶奶带去阳光。

小埃尔莎为了能给奶奶带去阳光而每天早上用眼睛和头发把阳光带进奶奶的房里。行为虽然幼稚，却足以显露出她的心灵之高尚。这是小埃尔莎在心灵深处为了表达对奶奶的关爱而做出的可爱举动。

我们也拥有阳光，但我们是否也有这样的爱心，乐意把爱的阳光带进黑暗的屋子，温暖那冰冷、孤寂的心灵？

当我们在享受着生命生活中的美好时，让我们也乐意关爱、帮助那些有需要的人，与他们分享生活中的美好事物，当我们这样做时，我们就是别人的阳光了。

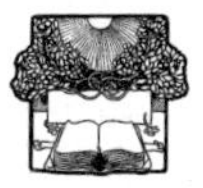

第五章

良好习惯：决定未来的基础力量

把最重要的事情放在前面

在安排时间时，要永远把重要的事情放在第一位，在没有完成重要的事情之前，决不着手做次要的事情。

萨缪尔森教授在给即将毕业的 MBA 班的学生上最后一次课。令学生们不解的是，讲桌上放着一个大铁桶，旁边还有一堆拳头大小的石块。“我能教给你们的都教了，今天我们只做一个小小的测验。”教授把石块一一放进铁桶里。

当铁桶里再也装不下一块石头时，教授停下了来。教授问：“现在铁桶里是不是再也装不下什么东西了？”“是。”学生们回答。“真的吗？”教授问。

随后，他不紧不慢地从桌子底下拿出了一小桶碎石。他抓起一把碎石，放在已装满石块的铁桶表面，然后慢慢摇晃，然后又抓起一把碎石……不一会儿，这一小桶碎石全装进了铁桶里。

“现在铁桶里是不是再也装不下什么东西了？”教授又问。

“还……可以吧。”有了上一次的经验，学生们变得谨慎了。

“没错！”教授一边说，一边从桌子底下拿出一小桶细沙，倒在铁桶的表面。教授慢慢摇晃铁桶。大约半分钟后，铁桶的表面就看不到细沙了。“现在铁桶装满了吗？”“还……没有。”学生们虽然这样回答，但心里其实没底。

“没错！”教授看起来很兴奋。这一次，他从桌子底下拿出的是一罐水。他慢慢地把水往铁桶里倒。

水罐里的水倒完了，教授抬起头来，微笑着问：“这个小实验说明了什么？”

一个学生马上站起来说：“它说明，你的日程表排得再满，你都能挤出时间做更多的事。”

“有点道理。但你还是没有说到点子上。”

萨缪尔森教授顿了顿，说：“它告诉我们：如果你不是首先把石块装进铁桶里，那么你就再也没有机会把石块装进铁桶里了，因为铁桶里早已装满了碎石、沙子和水。而当你先把石块装进去，铁桶里会有很多你意想不到的空间来装剩下的东西。在以后的职业生涯中，你们必须分清楚什么是石块，什么是碎石、沙子和水，并且总是把石块放在第一位。”

最没有效率的人就是那些以最高的效率做最没用的事的人。总是做重要且紧迫的事的人，常常有很多的剩余时间。做完“正事”之后，他们有相当多的时间去做“重要而不紧迫”、“不重要且紧迫”甚至“不重要且不紧迫”的事，就像装石块的铁桶里有意想不到的剩余空间来装碎石、沙子和水。犹太人总是告诉自己的孩子：集中精力在能获得最大回报的事情上；别花费时间在对成功无益的事情上。

创新的作用

要从小教育孩子养成创新思维的习惯，一个人只有不断创新，才可能超越前人，有所成就。

1926 年，有着犹太血统的兰德才 17 岁，他还是哈佛大学一年级的学生。一天晚上，他走在繁华的百老汇大街，从他面前驶过的汽车车灯刺得他眼睛都睁不开。他突然灵机一动：有没有办法既让车灯照亮前面的路，又不刺激行人的眼睛呢？他觉得这是很有实用价值的课题。兰德说干就干，第二天便去学校办了休学手续，专心研究偏光车灯的创造发明。

1928 年，兰德的第一块偏光片终于制成了。他匆匆赶去申请专利，不料已有 4 个人申请此项专利。他辛辛苦苦做出的第一项成果就这样白费了。3 年后，经过改进的偏光片研制成功，专利局终于在 1934 年把偏光片的专利权给了兰德，这是他获得的第一项专利。

1937 年，兰德成立了拍立得公司。有人把他介绍给华尔街的一些大老板，他们对兰德的才能和工作效率十分赏识，向他提供了 37.5 万美元的信贷资金，希望他把偏光片应用到美国所有汽车的前灯上，以减少车祸，保证乘车人的安全。

1939 年，“拍立得”公司在纽约的世界博览会上推出的立体电影更是轰动一时。观众必须戴上该公司生产的眼镜才能入场，这又为“拍立得”赚了一大笔钱。

有一次，兰德给他的女儿照相。小姑娘不耐烦地问：“爸爸，我什么时候才能看到照片？”这句话触动了兰德，经过多年高效率的研究，他终于发明了瞬时显像照相机，取名为“拍立得”相机。这种相机能在60秒钟洗出照片，所以又称“60秒相机”。

“拍立得”公司1937年刚成立时，销售额为14.2万美元，1941年就达到100万美元，1947年则达到150万美元，为10年前的10倍。“拍立得”相机投入市场后，使公司销售额从1948年的150万美元猛增至1958年的6750万美元，10年里增长了40倍。

然而兰德并不就此停步，后来他又制造出一种价格便宜，能立即拍出彩色照片的新相机。兰德说：“一个企业，不仅要不断地推出新产品，改善人们的生活，给人们带来方便，而且要考虑下一步该怎么办。这样，企业就不会停滞不前，将永远充满活力。”

当人们问兰德有什么成功奥秘时，他只是笑笑说：“我相信人的创造力，它的潜力是无穷的，我们只要把它挖掘出来，就无事不成。”

《圣经》告诉我们：创造力是上天赐予我们的最珍贵的礼物，它能给我们带来许多意想不到的惊喜。但是怎样发掘你的创造力呢？兰德的经验告诉我们：创造并非遥不可及；只要你处处留心，你会发现在我们日常生活中处处充满创造的灵感，创造就在我们身边。

独木桥的走法

一个人的习惯性心态对其性格的形成有着决定性的作用，可以说习惯形成性格，性格决定命运。

曾有几个学生向弗洛伊德请教：心态对一个人会产生什么样的影响？

他微微一笑，什么也不说，就把他们带到一间黑暗的房子里。在他的引导下，学生们很快就穿过了这间伸手不见五指的神秘房间。

接着，弗洛伊德打开房间里的一盏灯，在这昏黄如烛的灯光下，学生们才看清楚房间的布置，不禁吓出了一身冷汗。原来，这间房子的地面就是一个很深很大的水池，池子里蠕动着各种毒蛇，包括一条大蟒蛇和三条眼镜蛇，有好几只毒蛇正高高地昂着头，朝他们"滋滋"地吐着信子。就在这蛇池的上方，搭着一座很窄的木桥，他们刚才就是从这座木桥上走过来的。

弗洛伊德看着他们，问："现在，你们还愿意再次走过这座桥吗？"大家你看看我，我看看你，都不作声。

过了片刻，终于有3个学生犹犹豫豫地站了出来。其中一个学生一上去，就异常小心地挪动着双脚，速度比第一次慢了很多；另一个学生战战兢兢地踩在小木桥上，身子不由自主地颤抖着，才走到一半，就挺不住了；第三个学生干脆弯下身来，慢慢地趴在小桥上爬了过去。

"啪"，弗洛伊德又打开了房内另外几盏灯，强烈的灯光一下子把整个房间照耀得如同白昼。学生们揉揉眼睛再仔细看，才发现在小木桥的下方装着一道安全网，只是因为网线的颜色极暗淡，他们刚才都没有看出来。弗洛伊德大声地问："你们当中还有谁愿意现在就通过这座小桥？"

学生们没有作声，"你们为什么不愿意呢？"弗洛伊德问道。"这张安全网的质量可靠吗？"学生心有余悸地反问。

弗洛伊德笑了："我可以解答你们的疑问了，这座桥本来不难走，可是桥下的毒蛇对你们造成了心理威慑，于是，你们就失去了平静的心态，乱了方寸，慌了手脚，表现出各种程度的胆怯——心态对行为当然是有影响的啊。"

其实人生又何尝不是如此呢？在面对各种挑战时，也许失败的原因不是因为势单力薄、不是因为智能低下、也不是没有把整个局势分析透彻，反而是把困难看得太清楚、分析得太透彻、考虑得太详尽，才会被困难吓倒，举步维艰。倒是那些没把困难完全看清楚的人，更能够勇往直前。如果我们在通过人生的独木桥时，能够忘记背景，忽略险恶，专心走好自己脚下的路，我们也许能更快地到达目的地。

父亲和儿子

很多道理，我们每个人都懂，但却没有将其贯彻在我们日常的生活习惯之中，因此，我们也无法从这些道理中获得真实的人生收益。

哈西德运动时期，有个流浪的犹太艺人，虽然才四十几岁，但是骨瘦如柴，形容枯槁，医生诊断结果是肝癌末期，临终前，他把年仅 16 岁的独子找来，叮咛着："你要好好读书，不要像我少壮不努力，老来没成就。我年轻时好勇斗狠，日夜颠倒，烟酒都来，正值壮年就得了绝症。你要谨记在心，不要再走我的老路。我没读什么书，没什么大道理可以教你，但你要记住把'少壮不努力，老来没成就'这句话传下去。"

说完，他咽下最后一口气，16 岁的儿子却懵懵懂懂地站立一旁。

长大后，他儿子仍然在酒家、赌场闹事，有一次与客人起冲突，因出手过重而闹出人命，被捕坐牢。出狱后，人事全非，他发觉不能再走老路，但是却无一技之长，无法找个正当的工作，只好下定决心，回到乡下，靠做一些杂工维生。

由于他年轻时无法体会父亲交代的遗言，耽误终身大事，年近半百才成婚。虽然年事渐长，逐渐能体会父亲临终前交代的话，但似乎为时已晚。他的体力一天不如一天，一年不如一年，面对着无法撑持起来的家，心里有着无限的忏悔与悲伤。

有个夜晚，他喝点酒，带着酒意，把 16 岁的儿子叫到跟前。他先是一愣，这不就是当年 16 岁的我吗！父亲临终前交代遗言的景象在脑海中显现。有些自责地喃喃自语："我怎么没把那句话听进去啊。".

说着，眼泪直滴脸颊，儿子站在面前，懂事地安慰着："爸爸，您喝醉了，早点休息吧！"

"我没有醉，我要把你爷爷交代我的话告诉你，你要牢牢记住。"

"爸爸！什么话这么慎重呀！"

"当年你爷爷临终时交代我不可以'少壮不努力，老来没成就'，我没听进去，也没听懂。结果我费尽一生才体会出这一句话的道理，但为时已晚。"

"这句话不是人人都知道吗？"

"是啊。但是，并不是每个人都愿意努力从年轻时就努力奋发向上。一定要年轻时就学好，不然老了就像我一无是处。你一定要认真对待这句话。希望你好好做人，将来儿孙都能成才，不必再把这句话当遗言交代了。"

懂道理的人很多，可是真正明白、并将其作为指导自己行为准则的人就太少了。所以，人在年轻时一定要懂得珍惜时间，懂得运用自己的时间多做一些有意义的事情。才不至于年老时悔恨，只能将自己的失败教训告诫给后辈。

勇于尝试

当孩子认为自己“不行”、“办不到”时，要鼓励孩子勇于尝试，或许你会由此发现孩子真正的天赋所在。

犹太人经常强调这一点：父母是孩子最早的老师，父母的言传身教对孩子的影响非常大。父母应当鼓励孩子勇于尝试，让孩子不断提升自我。

拉比还经常给孩子们讲这个故事：

18世纪下半叶，本杰明·韦斯特在英国画坛被称为艺术奇才“横空出世”。这位英国皇家学院的院长，一生的作品除少数宗教、神话题材以外，绝大多数是描绘英国在殖民北美洲时期的一些历史题材。他被英王乔治三世奉为上宾，雷诺兹爵士称他为最值得尊敬的怪物。本杰明·韦斯特1738年10月出生于美国，不到20岁就已经是纽约市颇有名气的肖像画家了。关于自己的成功，他宣称是母亲的一个吻才使他有了今天的成就。

本杰明·韦斯特的母亲年轻时叫萨拉·皮尔森，是一个贵格会信徒的女儿，她嫁给了一个贵格会信徒韦斯特之后就一直定居在宾夕法尼亚州的印第安人居住地。他们共有10个孩子，本杰明·韦斯特是10个孩子中的老幺。韦斯特的家庭很清贫，10个孩子的大家庭的重担几乎都压在了萨拉一个人的身上。

1745年，本杰明·韦斯特7岁。这年夏天的一天，母亲让本杰明去照看亲戚家的一个婴儿。让他用扇子赶走婴儿脸上的苍蝇。那天中午，在本杰明的细心呵护下，婴儿慢慢地进入了梦乡。小本杰明·韦斯特被熟睡着的婴儿的异常美丽吸引住了。他用手在扇子上比画着，好像要画下婴儿美丽的脸庞。这一切被母亲萨拉捕捉到了。“你想画下宝宝的脸吗？”萨拉微笑着问本杰明。“我不会画画，我画不出。”本杰明说。“可是你不画怎么知道你画不出呢？”萨拉指着桌子上的一红一蓝两瓶墨水说，“你试试。”母亲说完便走了。本杰明拿出一张纸，打开墨水瓶，画了起来。过了好一会儿，画是画好了，可是在他的脸上、衣服上都沾了很多的墨水，桌子上也是一片狼藉。他担心母亲看到这个脏乱的局面的话他可能会挨骂。哪知母亲走来后，用她特有的慈爱目光看了一眼那张画，声音颤抖着惊叫起来：“哦，天哪，这简直就是小萨莉的照片啊！”然后她搂着本杰明的脖子，亲吻了他一下，并且说，“总有一天你会成为一个伟大的艺术家。”

孩子的成长过程也是认知的过程，大人的经验固然对孩子的成长有很大的帮助，但孩子的亲身体会要比大人的“教诲”深刻得多，即使孩子在亲身体会的过程中犯错误，我们也要允许他们犯错误，因为他们有能力去犯错误，也同样有能力改正自己的错误，在犯错误中得到正确的答案，那是最珍贵的。

剪除规矩的网

生活中，养成将东西整齐摆放的习惯固然值得称赞，但如果过于整齐，事事苛求，容不得一点“乱”，也会作茧自缚，自寻烦恼。

成长过程中，有很多烦恼伴随着我们左右，可往往这些烦恼源于我们自己心灵条条框框的束缚，是自己囚禁了自己。

一天，女儿走到雅斯贝尔斯面前，问了一个问题：“爸爸，为什么东西总是很容易就弄乱了呢？”

雅斯贝尔斯便反问道：“乖女儿，你这个‘乱’字是什么意思？”

女儿说道：“你知道吗，那是指东西没有摆放整齐。看看我的书桌，东西都不在一定的位置，这不叫作乱叫什么？昨天晚上我花了不少时间才把它重新摆放整齐，可是没法保持很久。所以，我说东西很容易便弄乱了。”

雅斯贝尔斯听完后就告诉女儿说：“什么叫作整齐，你摆给我看看。”于是女儿便开始动手整理，把书桌上的东西都重新归位，然后说道：“请看，现在它不是整齐了吗？可是它没法保持长久。”

雅斯贝尔斯又再问她：“如果我把你的水彩盒往这里移动一二英寸，你觉得怎么样呢？”

女儿回答说：“不好，这么做书桌又弄乱了，你最好让桌面维护‘规规矩矩’的，不要出现那些‘脱线’情形。”

随后雅斯贝尔斯又问道：“如果我把铅笔从这儿移到那儿呢？”

“你又把桌面弄乱了。”女儿回答道。

“如果我把这本书打开呢？”他继续问道。

“那也叫作乱。”女儿再回答道。

雅斯贝尔斯这时微笑着对女儿说道：“乖女儿，不是东西很容易弄乱，而是你心里对于乱的定义太多了，但对于整齐的定义却只有一个。”

无规矩不成方圆。可规矩太多，也是对心灵的束缚。生活中，我们的不少烦恼都是自找的，用自己的规矩捆住了自己，无怪乎一些人会被痛苦给缠得动弹不得。那就好像那些人给自己罩上了一张大网，越是想挣脱却越挣不脱，越是想逃避越逃避不了。犹太人不用过多的规矩束缚孩子的心灵，而是让他们的心灵自由飞翔。哲人雅斯贝尔斯的话定能让我们思考良久。

经验的障碍

每个人都有自己特殊的人生经验，由此形成自己对生活的看法。世界究竟是什么样的，需要自己亲身去体验，不可轻信所谓“过来人”的劝告。

麦立克要坐火车从佛勒斯诺去纽约旅行。临行前，他的老舅舅嘉乐来看他，告诉他一些旅行的经验。

“你上了火车后，先选一个位置坐下，不要东张西望，”嘉乐告诉他的外甥，“火车开动以后，会有两个穿制服的顺通道走来问你要车票，你不要理他们，他们是骗子。”

“是的，舅舅。”麦立克点了点头说。

“走不到 1 万米，会有一个和颜悦色的青年来到你跟前，敬你一支烟。你就说不会。那烟卷是上了麻药的。”

“是的，舅舅。”麦立克微微一怔，但照例点了点头。

“你到餐车去，半路上会有一个漂亮的年轻女子故意和你撞个满怀，差点儿一把抱住你。但是，你要理智地走远些。那女子是个妓女。要是她逗你说话，你就装个聋子。这是唯一的摆脱之道。”

“是的，舅舅。”麦立克不禁有点惊讶，还是点了点头。

“我在外边经历得太多了，以上并非我无中生有的胡说，就告诉你这些吧！”

“还有一件，”嘉乐好像又想起了什么，叮咛道：“晚上睡觉时，把钱从口袋里取出来放在鞋筒里，再把鞋放在枕头底下，头再枕到枕头上，别睡着了。”

“是的，舅舅，多谢您的指教！”麦立克向他的老舅舅深深地鞠了一躬。

第二天，麦立克坐上了火车，横贯美洲向纽约而去。

那两个穿制服的人不是骗子，那个带麻药烟卷的青年没有来，那个漂亮女子没碰上。第一晚麦立克把钱放在鞋筒里，把鞋放在枕头下，一夜未合眼。可是，到了第二晚他就不理会那一套了。

第二天，他自己请一个年轻人吸烟，那人竟高兴地接受了。在餐车里，他故意坐在一位年轻女子的对面。吸烟间里，他发起了一桌扑克。火车离纽约还很远，麦立克已认识车上的许多旅客了，而客人也都认识他了。

火车经过俄亥俄州时，麦立克与那个接受烟卷的青年，跟两个瓦沙尔女子大学的学生组成一个四人合唱队，大唱了一阵，获得了旅客们的好评。

那次旅行对麦立克来说是够快乐的了。麦立克从纽约回来了，他的老舅舅又来看他了。

“我看得出，你一路没有出什么岔子，你依我的话做了没有？”一见面嘉乐就高兴地问麦立克。

“是的，舅舅！”麦立克还是那样做了回答。

嘉乐很高兴地自言自语道：“我很高兴有人因我的经验而得益！”

很多人总是积极地为别人提供意见，虽然出自好心，但他们从没想到意见仅仅是从他们自己的经历中获得的，然而别人有别人的经历，在这一点上谁也代替不了谁的。人们总是过于武断的在别人的事情上加上自己的判断，其实大可不必。如果你曾经被别人这样断言过，也不必过于在意。要紧的是让自己去经历一切，并且从这份经历中获得快乐、感受痛苦，这样人生才有意义。

莫忘致谢

教育孩子从小学会感恩，对别人的帮助、礼物，要及时表示谢意。

依琳娜、莎拉和德鲁还小的时候，每当他们要向人家致谢，就口述感谢词句，由他们的母亲——犹太教信徒贝德福德做笔记。但是到孩子长大一些，有能力自己写谢柬了，却必须三催四请才肯动笔。

贝德福德会问："你写了信给爷爷，谢谢他送你那本书没有？"或问："陶乐思阿姨送了你一件毛线衫，你可向她道谢了？"他们的回应总是含糊其辞，或耸耸肩膀。

有一年，贝德福德在圣诞节过后催促了几天，儿女们竟一直毫无反应，她大为气脑，便宣布："谢柬写妥投寄之前，谁也不准玩新玩具或穿新衣。"

但他们依旧拖延，还出言抱怨。

贝德福德忽然灵机一动，说："大家上车。"

"要去哪里？"莎拉问，觉得好奇怪。

"去买圣诞礼物。"

"圣诞节已经过去了。"她反驳。

"不要啰唆。"贝德福德斩钉截铁地说。

待孩子都上了车，贝德福德说："我要让你们知道，人家为了送你们礼物，要花多少时间。"

贝德福德对德鲁说："麻烦你记下我们离家的时间。"

来到镇里，德鲁记下抵达的时间。3个孩子随贝德福德走进一家商店，帮她选购礼物送给她的姊妹。然后贝德福德他们回家。

3个孩子一下车便向雪橇走过去。贝德福德说："不许玩，还要包礼物。”孩子们垂头丧气回到屋里。

“德鲁，记下到家的时间没有？”

德鲁点点头。

“好，请你记录包礼物的时间。”

孩子包礼物时，贝德福德替他们冲泡可可，终于最后一个蝶形结也系好了。

“一共花了多少时间？”贝德福德问德鲁。

他说：“到镇上去，用了 28 分钟，买礼物花了 15 分钟，回家用了 38 分钟。”

“包这几个盒子用了多少时间？”依琳娜问。

“你们俩都是两分钟包一个。”德鲁说。

“把礼物拿去邮寄，要花多少时间？”贝德福德问。德鲁计算了一下，答道：“一来一去 56 分钟，加上在邮局排队的时间，要 71 分钟。”

“那么，送别人一件礼物总共花多少时间？”德鲁又计算了一阵，“2 小时 34 分钟。”

贝德福德在每个孩子的可可杯旁放一页信纸、一个信封和一支笔。

“现在请写谢柬。写明礼物是什么，说已经拿来用了，用得很开心。”

他们沉默构思，接着响起了笔尖在纸面上的声音。

“花了我们 3 分钟。”德鲁一面说一面把信封封好。

“人家选购一件情意浓厚的礼物，然后邮寄给你，所花时间也许超过两个半小时，我要你们花 3 分钟时间道谢，这难道是过分要求吗？”贝德福德问。

3人低头望着桌面，摇摇头。

“你们最好现在就养成这习惯。早晚你们要为很多事情写谢柬的。”

故事里的孩子一定是因为偷懒而不想写谢柬的，母亲非要督促他们写是想教会他们感恩。感恩是我们对待周遭事物应该保持的一种心态。人们习惯索取，所以无法体会付出、给予的分量，心中还总是盘算没有得到的东西，却从没想过自己已经获得了多少。

勤勉是生存的关键

勤勉和懒惰都源自习惯，养成什么样的习惯，就会拥有什么样的人生。

犹太人有一句发人深省的谚语：“成功和失败都是习惯！”

在犹太人心中，成功的背后定有辛苦。远古时生火，要花很长的时间去摩擦木头或石头；要吃果实，就爬到很高的树上去摘。因此《圣经》中有两句话：“流泪撒种的，必欢呼收割。”“那流着泪出去的，必要欢欢乐乐地带禾捆回来。”犹太人认为，勤勉或懒惰很少来自一个人的本性，很少有人一生下来就是辛勤的工作者，也很少有人是天生的懒虫，大多数人的勤勉或懒惰都是后天的，是习性所致。此外，孩童时期的家庭环境，以及所受的教育，也都有很大的影响。勤勉有两种：一种是外力强迫的勤勉，另一种是自己自愿的勤勉。

在贫穷的时代里，犹太人在劳动条件非常恶劣的环境中，从事长时间的劳动，否则，便无法维持生活。犹太人认为这是自愿的勤勉。

犹太人在埃及受奴役期间，曾经长时间从事田里的工作，劳动量大得使人们听了都会打寒战。但是，辛勤工作的结果并没有使他们的生活获得改善，这是因为这些辛勤是由于外力强迫之故。如果是外力所强迫的勤勉，是永远无法获得成功的。

外力强迫的勤勉对人自身绝不会有作用，因为一旦外力消失，这种勤勉就会荡然无存。自愿的辛勤较易产生出自己的东西，从而逐步培养自己。久而久之，就能确立一个完完整整的自我。

有这样一个故事：埃及法老尼科看见一个犹太老人正在努力工作，种植无花果树。他问老人道："你是否期望自己能够享受果实？"老人回答说："如果我不能活到吃无花果的时候，我的孩子们将会吃到，或许上帝会特赦我。""如果你能够得到上帝特赦而吃到这树的果实，"法老对他说，"那就请你告诉我。"时光流逝，果树果然在老人的有生之年结出了果实，老人装了满满一篮子无花果来见法老。见到法老时，他解释说："我就是你看见过的那个种无花果树的老人，这些无花果是我劳动的成果。"法老命他坐在金椅子上，把他的篮子装满了黄金。

可法老的仆人反对道："您想给一个老犹太人那么多荣誉吗？"法老回答说："造物主给勤劳的他以荣誉，难道我就不能做同样的事吗？"后来，老人有一个懒惰的邻居，他妻子听了老人的故事，便对丈夫说："法老爱吃无花果，给他点无花果，他就会给你金子。"丈夫听从了妻子的话，也拿了满满一篮子无花果到皇宫，要求换取金子。

仆人报告法老，法老大怒："让这个人站在皇宫门口，每个进出的人都可以向他脸上扔一个无花果。"黄昏时，这个可怜的人被送回了家，浑身又青又肿。"我要把我得的全给你！"他冲妻子喊道。

在犹太人看来，懒惰使人一事无成，上帝和人们都是奖赏勤勉的人的。因此，犹太人的生存之法是培养勤勉的习惯，因为这才是成功的关键。永远不要让一个愚者看到一件做了一半的事。犹太人认为，勤勉和成功是互为表里的，常常有很多人因为勤勉而成功，但却很少因懒惰而成功的人。虽然勤劳并不一定能获成功，但是无论如何，人们都要辛勤工作，因为这是让事件成功的最基本条件。

学会“照镜子”

认识自己，找回自信，是一个人走向成功的前提。

美国从事个性分析的犹太专家罗伯特·菲力浦，有一次在办公室接待了一个因自己开办的企业倒闭而负债累累、离开妻女到处流浪的人。那人进门打招呼说：“我来这儿，是想见见这本书的作者。”说着，他从口袋中拿出一本名为《自信心》的书，那是罗伯特许多年前写的。流浪者继续说：“一定是命运之神在昨天下午把这本书放入我的口袋中的，因为我当时决定跳到密西根湖，了此残生。我已经看破人生，认为一切已经绝望，所有的人（包括上帝在内）已经抛弃了我，但还好，我看到了这本书，使我产生新的看法，为我带来了勇气及希望，并支持我度过昨天晚上。我已下定决心，只要我能见到这本书的作者，他一定能协助我再度站起来。现在，我来了，我想知道你能替我这样的人做些什么。”

在他说话的时候，罗伯特从头到脚打量流浪者，发现他茫然的眼神、沮丧的皱纹、10来天未刮的胡须及紧张的神态，这一切向罗伯特显示，他已经无可救药了。但罗伯特不忍心对他这样说。因此，请他坐下来，要他把他的故事完完整整地说出来。听完流浪汉的故事，罗伯特想了想，说：“虽然我没有办法帮助你，但如果你愿意的话，我可以介绍你去见本大楼的一个人，他可以帮助你赚回你所损失的钱，并且协助你东山再起。”罗伯特刚说完，他立刻跳了起来，抓住罗伯特的手，说道："看在老天爷的份上，请带我去见这个人。"

他会为了"老天爷的份上"而做此要求，显示他心中仍然存在着一丝希望。所以，罗伯特拉着他的手，引导他来到从事个性分析的心理试验室里，和他一起站在一块看来像是挂在门口的窗帘布之前。罗伯特把窗帘布拉开，露出一面高大的镜子，他可以从镜子里看到他的全身。罗伯特指着镜子说："就是这个人。在这世界上，只有一个人能够使你东山再起，除非你坐下来，彻底认识这个人，否则，你只能跳密西根湖里，因为在你对这个人作充分的认识之前，对于你自己或这个世界来说，你都将是一个没有任何价值的废物。"

这个流浪汉朝着镜子走了几步，用手摸了摸他长满胡须的脸孔，对着镜子里的人从头到脚打量了几分钟，然后后退几步，低下头，开始哭泣起来。过了一会儿，罗伯特领他走出试验室，送他离去。几天后，罗伯特在街上碰到了这个人，而他不再是一个流浪汉形象，他西装革履，步伐轻快有力，头抬得高高的，原来那种衰老、不安、紧张的姿态已经消失不见。他说，他感谢罗伯特先生，让他找回了自己，并很快找到了工作。后来，那个人竟成为芝加哥的富翁。

如今，在每一场的成功训练里，都有这样一个"照镜子"的课程。哪位暂时失败的朋友和要追求成功的朋友，进去"照一照"，定会与你以往出门前"一照"的效果大不一样。

依赖是一种束缚

依赖就像一根绳索，将你悬挂在半空，只有勇敢地剪断这根绳索，才能跌落到坚实的大地上，依靠自己行走。

以色列小学课本中有这样一个故事：

有一个登山者，一心一意想要登上世界第一高峰。在经过多年的准备之后，他开始了他的旅程。由于他希望完全由自己独得全部的荣耀，所以他决定一人出发。他开始向上攀爬，天也越来越晚，可他非但没有停下来准备他露营的帐篷，直到四周变得非常黑暗。山上的夜晚显得格外的黑暗，这位登山者什么都看不见，月亮和星星又刚好被云层给遮住了。即使如此，这位登山者仍然继续不断的向上攀爬着。就在离山顶只剩下几步的地方，他滑倒了，并且迅速地跌了下去。跌落的过程中，他被黑色的影子，以及一种因为被地心引力吸住而快速向下坠落的恐怖感觉笼罩。他不断地下坠着，而在这极其恐怖的时刻里，他的一生，不论好与坏，也一幕幕地显现在他的脑海中。当他一心一意地想着，此刻死亡是正在如何快速地接近他的时候，突然间，他感到系在腰间的绳子，重重地拉住了他。他整个人被吊在半空中……而那根绳子是唯一拉住他的东西。

在这种上不着天下不着地、求助无门的境况中，他一点办法也没有，只好大声呼叫："上帝啊！救救我！"

突然间，天上有个低沉的声音回答他说："你要我做什么？"

"上帝！救救我！"

"你真的相信我可以救你吗？"

"我当然相信！"

"那就把系在你腰间的绳子割断。"

在短暂的寂静之后：登山者决定继续全力抓住那根救命的绳子。

第二天，搜救队找到了他已经冻得僵硬的遗体。

他的手也紧紧地抓着那根绳子……在距离地面仅仅 1 米的地方。

当你在不断编织各种关系网的时候，你是否想过，这些网会把你围在中央，密封不透？你变成了茧中的幼虫，这就叫作作茧自缚。

只有你鼓足勇气，破茧而出，才能化成美丽的蝴蝶。脐带被剪断，新生命才真正的诞生。而对于家长来说，你可以成为孩子的助手，但千万不要让孩子依赖你，这种依赖迟早会成为一种束缚。

勿盗窃时间

今天就是最后一天，永远不要等待明天，因为没有人知道明天会是什么样子。（《塔木德》）

在犹太人看来，时间和商品一样，是赚钱的资本，因此盗窃了时间，就等于盗窃了商品，也就是盗窃了金钱。

犹太人把时间看得十分重要，在工作中也往往以秒来计算时间。一旦规定了工作的时间，就严格遵守。下班的铃声一响，打字员即使只有几个字就可以打完，他们也会立即搁下工作回家。因为，他们的理由是“我在工作时间没有随便浪费一秒钟，因此我也不能浪费属于我的时间”。

瞧！这就是犹太人的时间观念。

他们把时间和金钱看得一样重要，无缘无故地浪费时间和盗窃别人金柜里的金钱一样是罪恶的事情。一个犹太富商曾经这样计算过：他每天的工资为 8000 美元，那么每分钟约合 17 美元，假如他被打扰而因此浪费了 5 分钟时间，这样就等于自己被盗窃现款 85 美元。

犹太人的思想观念里，时间是如此重要，千万不可以随便浪费。即使一些看来是必要的活动，也被他们简单化了。比如客人和主人约定时间谈事情，说好在上午 10 ∶ 00~10 ∶ 15 的，那么时间一到，无论你的事情是否谈完，都请自动离开。犹太人为了把会谈的时间尽量压缩。通常见面后，他们便直奔主题：“今天我们来谈谈什么事情……”而不会说一些“今天的天气不错”之类的客套话。在犹太人看来那些是毫无意义的，纯粹是在浪费时间，除非他觉得和你客套能从中得到什么好处，才跟你客套几句。

约定时间，请务必准时到达，即使差一分钟也是不礼貌的；一进办公室，立即进行谈话，这样才是礼貌的商人。在规定的时间把话题说完，如果需要，请你来之前作好谈话的准备，但是既然来了，切勿拖延对方的时间，这就是礼貌。

钱可以再赚，商品可以再造，可是时间是不能重复的。因此，时间远比商品和金钱宝贵。

犹太人把时间看得那么重，是有其道理的。时间是任何一宗交易必不可少的条件，是达到经营目的的前提。与对方签订合同时，要充分估计自己的交货能力，是否能按客户要求的质量、数量和交货期去履行合约。如果可以办到，就与其签约；如果办不到，切不可妄为。

时间的价值还显示在赶季节和抢在竞争对手前获取好价格和占领市场方面。在竞争激烈的市场中，谁能在一个市场上一马当先，把质优款新的产品抢先推出，谁就一定能够获得较好的经济效益。

时间的价值还表现在生意的全过程。一个企业经营效益的高低，是与其经营费用水平的高低息息相关的。如一个企业一年的营业额为 10 亿美元，其资金年周转率为两次，言下之意，该企业每年占用资金为 5 亿美元。按通常的银行利息为 12%（年息）计算，一年共支付利息达 6000 万美元。如果该企业能把握一切时间和进行有效管理，使资金周转达到一年 4 次，那么，其支付的利息就可节省 3000 万美元，换句话说，该企业就可多盈利 3000 万美元了。除此之外，加快货物购入和销出、加快货款的清收等，都体现出时间的价值。

时间就像海绵里的水，只要善于挤，就总会找出来。商人的时间更是如此，要想赚钱，首先就得有赚钱的时间。有空闲才能集中精力经商。会赚钱的商人，就应该是一个管理时间的高手。

时间，是这个世界上最宝贵的东西。她不像金钱和宝物，丢失了可以再找到或者赚回来，而时间只要被浪费掉了，就永远不会回来了。

人最不该浪费的东西就是时间，对人而言，时间就是命运；对于商人而言，时间就是金钱。要经商，首先就要保证自己拥有充足的时间。

犹太人喜欢紧迫地工作，一分钟都不可以放弃。因为要经商就要有时间，必须有大量的时间可以让你支配，否则是不会轻易成功的。成功是经过大量艰苦的劳动得到的。他们善于利用和把握时间。

一个商人要赚钱，首先就要考虑好如何合理地安排好时间。

正因为对时间有了这样一种认识，犹太商人在做生意也好，工作也好，对时间的使用极为精打细算。

所以，犹太人在商业活动中非常注意时间安排。公司每天上班开始的一小时内，是所谓的"发布命令时间"，将昨天下班后至今天上午上班前所接到的一切业务往来的材料或事务处理或做出具体安排。在这段时间里，不允许任何外人的打扰。而外人即使是商业上的联系，也必须事先约定。"不速之客"在犹太人的商务活动中，几乎等于"不受欢迎的人"。因为不速之客会打乱原先的时间安排，也会浪费大家的时间。

日本某著名百货公司宣传部的一位年轻职员，曾经为了进行市场调查，来到纽约市。当他想到自己应该有效地运用自由时间，就直接跑到纽约某个著名犹太商人的百货店，贸然叩开了该公司宣传部主任办公室的大门，向门房小姐说明来意。

门房小姐问："请问先生您事先预约好时间了吗？"这位青年微微一愣，但马上滔滔不绝地说："我是日本某百货店的职员，这次来纽约考察，特意利用空闲时间，来拜访贵公司的宣传部主任……"

"对不起，先生！"小姐打断了他的话说。

就这样，这位职员被拒之于冰冷的大门之外。

这位职员利用余暇，主动地访问同行人，从某个角度看，应该值得表扬。但犹太人不假思索地拒绝了他，为什么呢？这仍然和"盗窃时间"的警言有关。对于贯彻"时间就是金钱"的犹太人来说，在工作时间里，放弃几分钟而跟一个根本没有把握的"不速之客"去谈判，是根本不可想象的。犹太人从来不做没有把握的生意，因此，"不速之客"在犹太人看来是妨碍他们工作的绊脚石。只有拒绝他，才能让自己的工作畅通无阻，直奔"时间就是金钱"的主题。

时间足可以使财富"无中生有"。

巴奈·巴纳特是一个旧服装商的儿子，出生于佩蒂扣特港，后来就读于一所专为穷人孩子建立的犹太免费学校。成年后，巴纳特带着 40 箱雪茄烟作为创业资本来到南非。他把这些雪茄抵押给探矿者，获得了一些钻石，从而开始了钻石买卖。巴纳特的赢利呈周期性变化，每个星期六是他获利最多的日子，因为这一天银行较早停止营业，巴纳特可以放心大胆地用支票购买钻石，然后赶在星期一银行重新开门之前将钻石售出，以所得款项支付货款。

说到底，巴纳特其实是钻了银行停止营业一天多这个"时间"空子，然而只要他有能力在每星期一早上给自己的账号上存入足够兑付他星期六所开出的所有支票的钱，那他就永远没有开"空头支票"。所以，巴纳特的这种拖延付款，是在吃透了市场运行的时间表，没有侵犯任何人的合法权利的前提下进行的。

巴纳特靠打“时间差”生财，真可谓精明到了极点。在此，时间成了商人手中的“王牌”，“一寸光阴一寸金”已不再是一个隐性的比喻，而成了一种现实的陈说。

商业竞争就是时间的竞争。学会合理有效地安排时间，这是商人最大的智慧。

第六章

锐意进取：塑造完美的自我

我要负责任

责任感，是一个人日后能够立足于社会、获得事业成功与家庭幸福至关重要的人格品质。不论孩子有什么过失，只要他有一定的能力，就应当让他承担责任。自瞒自欺其实很容易，但是却无法逃离世人锐利的眼睛。因此，自己的责任一定要自己负。

古代的拉比们说过："好事可以分享，但是自己的责任一定要自己负。"因为不管是把事情推给别人，还是归咎于环境；自己的责任仍然存在而无法消失，所以犹太人从不把责任推给别人，而是自己动手去做。

关心和爱护孩子是所有父母的天性。可是，很多父母在关心、保护孩子的同时，却忽略了孩子是需要学会承担责任的。他们总是怕孩子为难，怕孩子辛苦。于是，有的家长替孩子做值日，有的替孩子洗衣服、洗袜子，更有甚者替孩子做家庭作业……长期这样，孩子不知道怎样自己照顾自己，更谈不上对他人、对社会的责任感了。犹太人认为在这种家庭环境中长大的孩子，由于从小就受到过多的呵护，不会动脑筋，一方面他们会变得自我意识很强，处处都以自我为中心；而另一方面，他们对周围的人和事经常表现出漠不关心的态度，缺乏基本的责任感。

很多年以前，有一位11岁的美国男孩踢足球，一不小心踢碎了邻居家的玻璃，人家向他索赔12.5美元。那个时候，12.5美元可不是个小数目，可以买125只鸡蛋。闯了大祸的美国男孩向父亲认错后，父亲让他对自己的过失负责。儿子为难地说："可是我没有钱赔人家。"父亲说："我先借给你12.5美元，一年后你必须把钱还我。"从这以后，这位美国男孩开始了自己艰苦的打工生活。经过半年的努力，小男孩终于挣足了这12.5美元，把钱还给了父亲。这位男孩就是已经故去的美国前总统里根。他在回忆这件事时说："通过自己的劳动来承担过失，使我懂得了什么叫责任。"

犹太人认为，孩子有了过失的时候，恰好是父母对其进行教育的良机。因为内疚和不安使他急于救助，而此时明白的道理有可能刻骨铭心。不论孩子有什么过失，只要他有一定的能力，就应当让他承担责任，这才是现代父母的真正爱心。同时，犹太父母还经常给孩子们讲这个故事，以告诉他们具有责任感能为别人，同时也能为自己带来幸福。他们让自己的孩子切记："我应该负责任。"

从前，有个犹太人开设的公司在中国招聘员工，他们在面试的房间里故意把一个椅子倒放在地上，用以观察应聘人员的反应，是否能把椅子扶起来成了能否进入复试的第一道题目。可见，缺乏责任感的人是不可能在现代社会立足的。也许有的家长会说："孩子还小，长大后他们就知道该怎么做了，不要对孩子要求太高。"然而，他们却忽略了孩子的责任感是在生活中一点一滴地形成的。平时把所有事情都为孩子安排好的家长，希望孩子能在某一天突然变得有责任感，这无异于白日做梦。

放弃自己的责任是上帝所不宽恕的事情，所以犹太人在现实的生活中，从不逃避自己的责任。为了负起自己的责任他们甚至可以倾家荡产，可以牺牲性命。正是因为犹太人在任何时候都不会放弃自己的责任，所以他们在别人心中讲究诚信，在商场注重契约。

有一个犹太人，接到美国芝加哥一个食品公司3万个刀叉餐具的订货单，双方商定的交货日期是9月1日。这个商人必须在8月3日从本港运出货物，才能在9月1日如期交货。但是，由于发生一些意外，这个商人没能在8月3日赶制出3万个刀叉餐具。这位犹太商人陷入了困境，但他丝毫没有想到要给对方写封情真意切的信，要求延期交货并表示歉意，因为这本身就是违背契约，不符合犹太商法，并且也是逃避责任的做法。结果后来，这位犹太商人花巨资租用飞机送货，3万个刀叉如期交货了，这位犹太商人也因此损失了1万美元。

在犹太人眼中，人是永远无法逃避责任的。但是责任感不是天生的，孩子的“先天”不足，不应该责怪孩子，它应归咎于我们的家庭教育。许多父母对孩子在生活上呵护备加，而对责任感的教育却严重不足。他们认为孩子还小，长大会慢慢意识到的。有一位年轻的母亲对儿子自私、不合群发愁，她去请教生物学家达尔文。达尔文问：“你的孩子多大啦？”她回答说：“快4岁了！”达尔文马上严肃地说：“对不起，你对孩子的教育已经晚了快4年了！”这则故事告诉我们，对孩子责任感的教育应从小抓起。

不逃避责任，自己的责任自己负，这是犹太人为人处世的一个原则。也正是因为他们这样做了，犹太人才在世界赢得了良好的声誉。孩子是一张纯净的白纸，他一来到世界，就观察大人的一言一行、一举一动。家长们应像犹太父母那样，严格要求自己，做有责任感的好家长，好公民，并时刻以身作则。要求孩子办到的事，自己首先要做到，为孩子树立一个好的榜样。从平时抓起，从点滴做起，让孩子们时时处处去体验。让他们学会去关心他人、热心公益、热爱集体、尊敬师长，使这些行为成为孩子们日常生活的一种习惯，把这些教育作为责任感培养过程中，由浅入深，由低到高，由表及里的阶梯。父母应该让孩子学会为自己的行为负责，以培养他们的责任感。要让孩子懂得，如果是自己办错了的事，就该自己负责任，从而引以为戒，不犯或少犯类似错误。

思考敏于行

想要事情做得好，就必须善用你的头脑。

古埃及有一位将军，曾经降服了一个叫科西亚的山贼作他的侍卫。科西亚力大无穷，可惜生性粗心大意，不大用头脑。这一天，将军骑马，科西亚步行，两人来到一片树荫下休息。见树下有一群蚂蚁在爬，将军便对科西亚说："科西亚，你打这些蚂蚁看看。"科西亚伸出拳头，第一次用力，地面凹进一块，蚂蚁却没事；再用力，痛得哇哇大叫，蚂蚁还是若无其事。科西亚眼见小小蚂蚁都打不死，急得满面通红。将军说："看我的。"只见他伸出食指，轻轻一揉，蚂蚁一下死了好几只。科西亚看得目瞪口呆，将军便对他说："有很大的勇气和力量，还要懂得运用谋略和智慧，只有这样才能做大事、成大器。"

这则故事告诉我们：做事情若靠蛮力，而不懂得运用技巧，效果就会大打折扣。这就好比打棒球，你本来具有能打出全垒打的力气，但假如你不用心选球、不晓得用正确的姿势来挥棒的话，往往就会失误。

犹太人认为，人做事是需要勇气的，但在勇气之前更需要思考的智慧。通常，在婴幼儿时期，成人总是容易把自己放在发号施令的位置上，一会儿让孩子干这个，一会儿指使干那个。对孩子来说，玩什么、怎么玩似乎都被大人限制住了，孩子自身的主动性思考常常无从体现。因而父母在培养孩子做事能力之前最重要的在于训练孩子学会自己独立的思考。别看孩子年纪小，可是他们也有自己的思维能力和计划性。

父母怎么在做事中培养孩子的自主思考呢？犹太家长是这样做的：

1. 分享孩子做事的快乐。良好的情绪情感是促进孩子智能发展的重要因素。与孩子分享做事的快乐能够使孩子经常处于正向的情绪中，并且增加他的做事热情和积极性。譬如当孩子即使做成一件很小的事时，爸爸妈妈都会真诚地邀请孩子展示一下，或者和孩子一起重新体验一遍他做事的过程，这种情绪将极大丰盈孩子做事的激情。

2. 父母要学会平衡自己的权威和孩子自主之间的关系。比如妈妈在洗衣服的时候，孩子也想凑凑热闹，在旁边转来转去，试图“浑水摸鱼”，这时妈妈不要怕麻烦或担心孩子弄湿衣服，可以拿一块小手巾给孩子，问孩子：“手巾该怎么洗啊？”有意识地让孩子用行动或语言来展示一下，这样孩子就会细心观察、模仿学习、产生思考的兴趣。

3. 多鼓励孩子的探究行为。孩子的探究行为是一种主动的适应性行为。由于孩子在很小的时候就表现出内在兴趣，随着孩子年龄的增长，用于探索的时间逐渐延长，在这种情形下，妈妈千万不要急躁，急于让孩子做自己认为有用的活动，其实孩子此时正是处于发挥想像力、思维能力和创造力的时候。

可以说孩子在做事的过程中总是在无意识地深化自己对世界的认识，逐渐形成自己的一套经验和知识系统，并从中抽象出一定的规律和模式，进而增强自己的做事能力。所以，家长要培养孩子学会做事，还是要像犹太家长那样，从锻炼孩子学会思考开始吧！

自信是成功的良药

很多时候，阻碍我们成功的主要障碍，不是我们能力的大小，而是我们的心态。当孩子认为自己一无所用时，就会走向自暴自弃，那便是教育的失败和家长的悲哀。只要孩子保持着自信，就是希望，就有进步的立足点。

1952年，世界著名的游泳好手弗洛伦丝·查德威克从卡德林那岛游向加里福尼亚海滩。两年前，她曾经横渡过英吉利海峡，现在她想再创一项纪录。这天，当她游近加里福尼亚海岸时，嘴唇已冻得发紫，全身一阵阵地寒战。她已经在海水里泡了16个小时。远方，雾霭茫茫，使她难以辨认伴随着她的小艇。查德威克感到难以坚持，她向小艇上的朋友请求："把我拖上来吧。"艇上的人们劝她不要向失败低头，要她再坚持一下。"不到2千米远了。"他们告诉她。浓雾使她难以看到海岸，她以为别人在骗她。"把我拖上来。"她再三请求着。于是，冷得发抖、浑身湿淋淋的查德威克被拉上了小艇。后来，她告诉记者说，如果当时她能看到陆地，她就一定能坚持游到终点。大雾阻止了她去夺取最后的胜利。

这件事过后，她认识到，事实上，妨碍她成功的不是大雾而是她内心的疑惑。是她自己让大雾挡住了视线，迷惑了心，先是对自己失去了信心，然后才被大雾给俘虏了。两个月后，查德威克又一次尝试着游向加里福尼亚海岸。浓雾还是笼罩在她的周围，海水冰凉刺骨，她同样望不见陆地。但这次她坚持着，她知道陆地就在前方；她奋力向前游，因为陆地在她的心中。

同样道理，犹太女子玛莉身为一个举重者，最大的障碍是如何突破当前的瓶颈，顺利地举起 500 磅的重量。几乎每一位运动员在某一段时间都会遇到瓶颈，像是无法突破既有的分数、表演形式或演出水准；也可能是无法超越快速球的速度、射击的准确性、竞赛的时间、某一高度或距离。玛莉在举重训练中稳定地持续克服更高的重量限制：从 400 磅、450 磅、475 磅、490 磅、495 磅、一直到 498 磅。但玛莉举不起 500 磅的重量。虽然玛莉口口声声说自己一定能够举起 500 磅的重量，但玛莉心中并不以为然。

当你举重达到一定重量时，你通常不会自己抬着举重杆，否则在你举重开始前，你已经疲惫不堪了。所以一般而言，都由教练或看守员帮你抬着举重杆。有一天玛莉的教练对玛莉说："嗳，玛莉，再试一次，然后就可以洗个澡回家。来吧，再来一次 400 磅。"玛莉举起重量杆，然后玛莉的教练宣布："我的天！我想他们弄错了，我敢肯定这个杆子有 506 磅！"从那刻起，对玛莉而言要举重 500 磅不再有任何困难。

当时真正阻碍玛莉的不在于玛莉的训练不够或体能不足。单以玛莉的体力来看，玛莉很可能在几个星期前就可以举起 500 磅的重量。真正的原因在于玛莉的意念：玛莉知道自己能举重 500 磅是因为自己已经做到了。虽然事后为了确定起见，玛莉数度尝试再举起 500 磅的杆子却举不起来，但玛莉明白是因为体力的原因而非心理因素。玛莉不再怀疑自己有能力担起 500 磅的重量。

可见，孩子的潜力是巨大的。但是，对孩子期望、要求过高，远远超出孩子的能力所及的水平，也是家长对孩子不满、难以发现长处的一个重要原因。孩子达不到家长的要求和标准，自然得不到家长的表扬和鼓励。长此以往，在父母的训斥和批评中长大的孩子，会逐渐对自己的能力失去信心，变得消极、被动，对学习自然就毫无兴趣。特别是对年幼的儿童来讲，自我意识正在形成中，长期的失败感，持久的来自家长的批评，会使其形成一种消极的自卑意识。一旦形成消极的自我意识，那他就可能用低标准要求自己，甚至自暴自弃。所以，家长一定要从点滴做起，发现孩子的“长处”，培养孩子的自信心。

亨利·比彻博士曾经做过一个试验。他以 100 个医学院学生为研究对象。他将这些研究对象分为二组，每组 50 人。第一组人分配了红色胶囊包装的兴奋剂，第二组人则分配了蓝色胶囊包装的镇定剂。可是实际上，胶囊里面的药粉却被博士调了包，但学生并不知道。结果两组学生的反应都如先前所以为的那样，吃了红色胶囊的一组很兴奋，吃了蓝色胶囊的一组则很平静，由此可见，他们的信念压制住了身体对药物的化学反应。亨利·比彻因此推论，药物的功效不仅得看药性，同时还得看病人是否相信药物的药效。

亨利·比彻博士的研究结果说明，与其说是药物使病人身体康复，不如说是归功于病人的信念。这就是诺曼·卡曾斯所说的：“吃药打针不是绝对必要，但康复的信念不能没有。”

《圣经》中记载了这样一个故事：有一个女人，患了一种奇怪的血漏病，流血长达 12 年之久，拜访了各方名医，但都不见好转。她听说只要摸一下耶稣，便可百病全无。于是有一天她趁着耶稣给大家布道的时候，夹在人群中摸了摸耶稣的衣服，令人惊奇的是血漏的源头立即干了，血也不再流了，血漏病奇迹般地痊愈了。正在这时，耶稣发觉到了，于是问道："刚才谁摸过我？" 女人恐惧战兢，俯伏在地上将情况一五一十地告诉了耶稣，耶稣说："女儿，是你的自信救了你。平平安安回去吧，你的灾病痊愈了。"

故事中的妇女相信只要摸耶稣一下，她就会痊愈，正是这种信心，使她战胜了自己的心理障碍，重新获得了健康。人们常常在和别人比较后，发现自己有许多不如人的地方，渐渐地，连自己也讨厌起自己来了。与人接触时，这种晦暗、卑下的心态会不自觉地传达给对方，而惹人嫌恶。不过，只要观念一转，结果就会大大不同。虽然自己不是满分，但也有不少优点，做事规规矩矩，态度谦和有礼，有耐性，运动方面更是拿手。如果能把心思放在这些地方再加以发挥，便会对自己产生信心，心情也会慢慢开朗起来。这种明亮的气氛感染周围的人，自己便成为一个拥有自我的发光体。我们无法期望一个人完美无缺，每个人都优缺点并俱，但是选择以缺点或优点看待自己，衍生出的人生态度便天差地别。发现并发挥自己的优点，是积极人生努力的目标。

自信不仅是故事中的妇女战胜疾病的法宝，更是孩子进步的强大内驱力。孩子学业的暂时落后并不可怕，可怕的是自信心的丧失以及精神的垮塌。当孩子认为自己一无所用时，就会走向自暴自弃，那便是教育的失败和家长的悲哀。只要孩子保持着自信，就是希望，就有进步的立足点。那么，该怎样树立孩子的自信心呢？犹太家长是这样看待这个问题的。

1. 要善于发现并且开启孩子自信的"窗户"。有句话说得好："天生我材必有用。”事实上，人的才能是各种各样的，不可能存在“全才”，每个人都是“专才”、“偏才”。有的人善于学习，有的人善于手艺，有的人善于组织，有的人善于文体。单单是在学习上，又有人擅长形象思维，有人擅长计算，有人擅长抽象思维，有人擅长语言。西方有句谚语说：“上帝为你关上了一道门，必然为你打开一扇窗。”对于孩子，我们不可能也没有必要要求他们门门学科拔尖、总分领先。当今社会不只需要科学家和学者，还需要企业家、工人、农民、商人等各行各业的建设者。我们何不允许孩子各学科平平而优先发展某一领域？孩子在某一方面进步了、领先了，听到的表扬、接受的鼓励多了，自信的“窗户”自然而然就会开启。

2. 要将孩子自信的“窗户”开多、开大。孩子在某一方面领先了，证明了自己并不笨，那为什么不能在其他方面也有所进步呢？已经开启了一个自信的“窗户”，为什么不能开启更多的“窗户”呢？家长要密切关注孩子各个方面的点滴进步，及时给予表扬和鼓励，及时指出进一步提高的路径和方法。进步不可能是一帆风顺的，做家长的要宽容地看待孩子的反复和倒退，更多地注意孩子发展的总趋势，这便是开大“窗户”。

20 世纪 80 年代日本曾创办过一所“鼓气学校”，办学宗旨就是要千方百计培养孩子的自信心。学校经常组织各种活动，让孩子们寻找自我的“闪光点”，组织他们在公共场合表现自己，甚至高呼口号“我是最优秀的！”“我能行！”这种做法家长们在家庭教育中也可借鉴。要经常鼓励孩子，让孩子在学习中有成就感，因为成就感是激励孩子认真学习的动力。如果孩子在学习中经常获得成功（如获奖、考试得高分等），他的自尊心就会得到满足，进而产生较强的自信心，对学习会更有兴趣，更有信心，从而不断地进步，形成良性循环。相反，如果孩子学习成绩总是上不去，考试分数总是落在后面，就会逐渐失去对学习的兴趣，甚至对自己失去信心，一旦形成恶性循环，孩子就很可能一步步地走向下坡路。因此，积极培养孩子对学习的兴趣，家长的鼓励和积极、肯定的评价显得尤为重要。比如从孩子读幼儿园开始，家长就应该把孩子获得的奖状贴在起居室的墙上，以此来鼓励他继续努力，以获得更多的奖状。

3. 父母要多给孩子抚慰。造成孩子羞怯的主要原因是他们缺乏依靠，缺乏安全感，缺乏交流和亲情的抚爱，从小就觉得比别人差，有低人一等的感觉，形成羞怯自卑的情结。所以父母不要长时间地与孩子分离；孩子出生后要尽量使用母乳喂养，让孩子在母亲的怀抱中有一种温暖、安全的感觉；父母要多与孩子进行交流，多抚摸、拥抱他，这是消除其羞怯心理的良策。

4. 父母对孩子要多鼓励，少批评。孩子需要父母的肯定和表扬，对于胆怯的孩子，赞赏就如一缕缕阳光，能照亮其心灵的每一个角落。相反，父母若一味地苛求孩子，经常批评、责备孩子，则会使孩子变得更加无所适从，唯唯诺诺，不敢与人交往，甚至封闭自己，用一种退缩的方式来保护自己受伤的心灵。

5. 父母要给孩子营造温馨的家庭气氛。平等、民主、充满亲情和理解的家庭环境能给孩子勇气和信心。对于与孩子有关的事，父母要多与孩子商量，征求他们的意见，尊重他们的意愿，不要滥用家长权威。和孩子说话时要注意使用平等民主的语言，诸如“你认为怎样？”“这样行吗？”等。不管孩子为你做什么，父母都应说：“谢谢！”让孩子体会到平等和尊重，这有利于克服其自卑情绪。

6. 父母应鼓励孩子多交朋友，多参加有益的社会活动。结交朋友是孩子社会化的一种表现，有利于孩子增强信心。可先让他与比较熟悉的孩子一起玩，然后再鼓励他与陌生的孩子交往。另外，让孩子多参加自己感兴趣的活动，比较容易使孩子摆脱羞怯情绪。幼儿园的各种兴趣班是害羞孩子的最佳选择，是他们走向自信、走向成功的第一步。

积极进取，永不停留

“世间没有不能成功的事，只有不愿意走向成功的人。”不管是一个国家、一个民族、一个企业，或是个人，都应该具有积极进取，永不停留的精神，这样才能在时代发展的潮流中不被大浪淘沙，衰退落伍。

犹太人是颇具积极进取的精神的，他们无论在任何场合、任何环境、任何时间都能保持着寻求积极面的意识，这是犹太人成功的秘诀。他们对自己的子女也从小就灌输这种思想。当然，他们在正视积极面的过程中，并不是忽视否定面。恰恰相反，他们敢于面对现实，无所畏惧或自我陶醉。正因为犹太人具有的这种积极进取的精神，使他们遇到困难时总能设法把它转变为积极面，帮助自己克服困难。

有句名言：“人苦不知足，既得陇复望蜀。”此话讲明人不是没有知足的极限，而是不断谋求更大的发展。确实，在人类发展的进程中，如果知足不前，那会有今天的高度文明的社会吗？

大财团罗思柴尔德是犹太商人的典型。罗思柴尔德的始祖名为梅耶·亚莫夏，少年当学徒的时候，由于积极进取、刻苦好学，自己开始经营古董商店，逐步积累资本。他利用欧洲工业革命的时机，把资金、情报及自己的智慧融合，纵横于英国、法国等欧洲各地进行紧俏货物的买卖，不惜斥下巨资开设银行，开展股票业务，投资矿业、铁路，甚至把自己5个儿子分散在法兰克福、巴黎、伦敦等5大城市开设公司，很快把罗思柴尔德家族办成一个跨国大财团。

类似罗思柴尔德的发财致富成功的犹太商人不胜枚举，在世界许多地方都有，如连锁先驱卢宾、报业奇才奥克斯、好莱坞老板高德温、地产大王里治曼等，均是凭着一双空手，靠积极进取精神，创立他们的企业的。

在科学技术方面，犹太人的伟大发明，也是举世闻名的。据历史记载，飞船的发明人是都柏林，但有人证实是犹太人大卫·舒华滋发明的。大卫·舒华滋自己建造飞船，经过数次试飞，在接近成功时，不幸猝死，因此，都柏林伯爵向舒华滋的未亡人买到了这一飞船的技术，完成了具体的飞行而一举成名。

发明直升飞机的，是犹太人亨利·斐纳。

此外，有近百名犹太人获得诺贝尔科学文艺奖，如前面讲的20世纪最伟大的科学家爱因斯坦、原子结构理论权威波尔、著名化学家赫维西、免疫学奠基人埃尔利希、“氢弹之父”特勒、化学名家赖希施泰因等，举不胜举。

又如杰出文艺专家有：世界著名画师毕加索、音乐大师马勒、文学巨匠比亚利克、杰出女作家米林、魔术大师霍迪尼，还有众多的政坛上的大将名人等。

犹太人中有那么多的出类拔萃的人物，很关键的一个原因，是他们形成一种积极进取的民族精神，自幼接受了“我一定要有所作为”的积极观念。由于犹太人从小就被培养了成功的信心，所以他们能够努力学习，应用本身所具有的潜力，把自己升高壮大。这种精神成为他们前进路上的“马达”，加速了他们的速度，增强了面对现实和排除困难的信心和力量。他们永远相信“世上无难事，只怕有心人”。

天生我材必有用

每个人都要树立正确的自我观念，正确对待自己、正确对待别人。摆正自己在集体中的位置，能在复杂变化的社会环境中，适时变换自己的角色，按照不同角色的不同要求，适时调整自己的行动。树立远大的理想和抱负、优良的敬业精神和事业心，努力建立良好的道德风范。从自己的实际出发，确定自己的奋斗目标。

在选美竞赛上，众人瞩目的总是亮丽鲜艳的面孔，婀娜多姿的体态。外表总是评选的主要决定因素，可是也有人相信内在气质的焕发才是选美最重要的条件，而且这样的理念也得到证实了，至少在美国小姐唐娜·亚松真身上，世人见识到内在美获得认同的实例。

唐娜出生在阿肯色斯的一个小镇上，她的青春期就像大多数的青少年一样，生涩、害羞，对自己的将来无所适从。那个时候她把自己想像成是只丑小鸭，而并不是选美的皇后。可是唐娜有一些远比外在的美丽更要紧的特质，她的气质清新，风度稳健。从审美的角度来看，她是一块璞玉，稍加琢磨就能大放异彩。至少她相信是这样的。她决定要把自己的内在美表现出来。她去练习健美，学习仪态，然后报名参加一场选美比赛。虽然那一场比赛她没进入决赛，可是唐娜并没有灰心，接着她又参加了好几场比赛，直到参加第 16 场选美比赛的时候，她最终当选了阿肯色斯小姐，然后又成为美国小姐。以后她带着那一份同样自然芬芳的内在气质以及辛勤努力的工作踏入娱乐界。现在，她已经是一个相当出色的艺人了，并且拥有了自己的节目。

犹太人认为，要获得成功就必须正确认识自己。他们坚信“天生我材必有用”，并尽力把自身的潜力发挥到极限。在希腊帕尔纳索斯山南坡上的神殿门上面，写着这样一句话：“认识你自己。”古希腊哲学家苏格拉底最爱引用这句格言来教育别人。因此后世人们往往错误地认为这是他讲的话。当时，人们都认为这句格言是阿波罗神的神谕。犹太家长在平时的日常学习和生活当中也是这样教育孩子的。

自我意识，是人的个性心理结构中的核心成分，是对自己的认识、看法和态度。孩子的青春期，是自我意识发展较明显的时期。我们不能将青年的自我意识看成是个人主义，是“以我为中心”，必须正确地分析青年自我意况发展的问题。

爱因斯坦大学时的老师佩尔内教授有一次严肃地对他说：“你在工作中不缺少热心和好意，但是缺乏能力。你为什么不学习医学、不学习法律或哲学而要学习物理呢？”幸亏爱因斯坦能够正确认识自己，深知自己在理论物理学方面有足够的才能，没有听那个教授的话。否则，也许他就不会在物理科学方面取得这样非凡的成绩了，也许我们的物理科学就不会像今天这样了。

伦琴原来学的是工程科学，他在老师孔特的影响下，做了一些物理实验，逐渐体会到，这就是最适合自己干的行业，后来他果然就成了一个有成就的物理学家。

阿西莫夫是一个科普作家的同时也是一个自然科学家。一天上午，他坐在打字机前打字的时候，突然意识到“我不能成为一个第一流的科学家，却能够成为一个第一流的科普作家”。于是，他几乎把全部精力放在科普创作上，终于成了当代世界最著名的科普作家。

达尔文从小就对数学、医学呆头呆脑，但是一摸到动植物就灵光焕发。

英格兰最伟大的法学家厄斯金勋爵，在最初走上社会的时候，他先是在海军中服役四年，因为没有很快得到提升，后来他便转到了陆军部队。有一次，他所在的部队驻扎在某个小城镇，他无意间走进了一间审判室，在那里巡回审判正在开庭审判。审判长正好是他的一个熟人，叫他在后面的座位上就座。他听完了那些律师们的演讲，审判长告诉他，这些律师是法律界的佼佼者。厄斯金立刻意识到他也可以做得同样漂亮。从此以后，他就开始研究法律。后来，厄斯金爵士成为他那个时代最雄辩的律师，也是英国的首席司法官。

作为一个正常人，对自己做人的形象，对自己的身体外观、优点和缺点、品德和才能、过去和现状、特长和不足以至自己的价值和责任，总会有一定的认识。然而，自己对自己的这些认识是否符合自己的本来面目和实际情况，每个人都会出现许多差异。有些人看到自己很多问题，但却看不到自己的主要问题；有些人容易看到自己的优点和长处，而看不到自己的缺点和错误；也有些人看到自己的弱点和不足，却看不到自己的一点长处。可见人对自己的认识，也和自己对客观世界的认识一样，需要有一个了解和学习的过程，并不像镜子那样简单。

成功者有着非凡的能力去认识他们自己与周围环境的关系，去认识每天影响着自己生活的人和事。他们懂得“适应”是精神上和肉体上获得成功的钥匙。上面是犹太儿童常听家长讲的几个故事，孩子们从这些故事中能够逐渐体会到正确认识自己的重要性。那么如何让孩子准确地为自己定位呢？犹太家长认为，必须让孩子遵从以下几个规则。

首先，不能贪心。有很多人不能成功，或是在成功之后突然破产，原因都是因为太贪心。当然贪心不是唯一的因素，有一个很快可以测试出你是否过于贪心的方法。你只要问自己一个问题："假如我现在开始销售某些东西，我会不会给其他人留下些什么？"你应该要有肯定的答案。假如你顺利完成某项计划，你应该总是会留一些东西与其他人分享。一定要记住，今日你需要或忽视的人，往往可能变成你明日的盟友。

其次，要能完全控制任何情况。你对自己要负完全的责任，而忽视这项责任，不但自己无法达成目标，最后你更会变得没有能力帮助其他人。通常，当某个情形变得不可收拾，或计划即将失败时，我们就可能失去控制。其实，能完全控制局面是最重要的！它可以让你面临危机时，仍能从中获取经验，将危险化为机遇，而不是被危机所打倒。

再次，确认你自己就是人生目标的发起人。这不是说你必须要打先锋，但是，它的确意味着：你应该在所有事情的周期中，辨认出其中某个特别的机会，让你能够提供出与自己定位相关的信息或减轻所面临的问题。最重要的是，你必须认同改变的益处，准备好要做的改变，让自己成为一个控制中心。建立这个连作模式，并且将它当成是生活的一部分。只有这样，你的人生目标才可能正确定位。

最后，关于自我定位。必须切记的是：在这个复杂多变的世界上，将自己定位在一个你想要运作的位置上，不要太过于怀疑或过度小心——因为这些因素会让你麻木，让你充满恐惧或疑虑。这个世界充满了机会。所以我们只要遵循这个大方向，并给自己一个最完美的定位，那么就一定能够达到自己的人生目标。

不断地自我挑战

每个人成长的道路都不可能是一帆风顺的，但为什么有的人在不平坦的人生道路上摘取了迷人的桂冠，而有的人却碌碌无为呢？成功者之所以取得了成功，就在于他们在人生的旅程中，选择了努力作为人生和生命的支点，直到登上了理想的高峰。

海伦刚出生的时候，是个正常的婴孩，能看、能听，也会咿呀学语。可是，一场疾病使她变成既盲又聋的小聋哑人，那时，小海伦刚刚 1 岁半。

这样的打击，对于小海伦来说无疑是巨大的。每当遇到稍不顺心的事，她便会乱敲乱打，野蛮地用双手抓食物塞入口里。若试图去纠正她，她就会在地上打滚，乱嚷乱叫，简直是个十恶不赦的“小暴君”。父母在绝望之余，只好将她送至波士顿的一所盲人学校，特别聘请沙莉文老师照顾她。

在老师的教导和关怀下，小海伦渐渐地变得坚强起来，在学习上十分努力。

一次，老师对她说：希腊诗人荷马也是一个盲人，但他没有对自己丧失信心，而是以刻苦努力的精神战胜了厄运，成为世界上最伟大的诗人。如果你想实现自己的追求，就要在你的心中牢牢地记住“努力”这个可以改变你一生的词，因为只要你选对了方向，而且努力地去拼搏，那么在这个世界上就没有比脚更高的山。

老师的话，犹如黑夜中的明灯，照亮了小海伦的心，她牢牢地记住了老师的话。

从那以后，小海伦在所有的事情上都比别人多付出了10倍的努力。

在她刚刚10岁的时候，名字就已传遍全美国，成为残疾人士的模范，一位真正的强者。

1893年5月8日，是海伦最开心的一天，这也是电话发明者贝尔博士值得纪念的一日。贝尔在这一日建立了著名的国际聋人教育基金会，而为会址奠基的正是13岁的小海伦。

若说小海伦没有自卑感，那是不正确的，也是不公正的。幸运的是她自小就在心底里树起了颠扑不灭的信心，完成了对自卑的超越。

小海伦成名后，并未因此而自满，她继续孜孜不倦地努力学习。1900年，这个年仅20岁，学习了指语法、凸字及发声，并通过这些方法获得超过常人知识的姑娘，进入了哈佛大学拉德克利夫学院学习。

她说出的第一句话是："我已经不是哑巴了！"她发觉自己的努力没有白费，兴奋异常，不断地重复说："我已经不是哑巴了！"

在她24岁的时候，作为世界上第一个受到大学教育的盲聋哑人，她以优异的成绩毕业于世界著名的哈佛大学。

海伦不仅学会了说话，还学会了用打字机著书和写稿。她虽然是位盲人，但读过的书却比视力正常的人还多。而且，她著作了7本书，她比正常人更会鉴赏音乐。

海伦的触觉极为敏锐，只需用手指头轻轻地放在对方的嘴唇上，就能知道对方在说什么；她把手放在钢琴、小提琴的木质部分，就能"鉴赏"音乐；她能以收音机和音箱的振动来辨明声音，还能够利用手指轻轻地碰触对方的喉咙来“听歌”。

如果你和海伦·凯勒握过手，5 年后你们再见面握手时，她也能凭着握手认出你来，知道你是美丽的、强壮的、幽默的，或者是满腹牢骚的人。

这个克服了常人“无法克服”的残疾的人，其事迹在全世界引起了轰动。她大学毕业那年，人们在圣路易博览会上设立了“海伦·凯勒日”。

她始终对生命充满了信心，充满了热爱。

在第二次世界大战后，海伦·凯勒以一颗爱心在欧洲、亚洲、非洲各地巡回演讲，唤起了社会大众对身体残疾者的注意，被《大英百科全书》称颂为有史以来残疾人士最有成就的由弱而强者。

美国作家马克·吐温评价说：“19 世纪中，最值得一提的人物是拿破仑和海伦·凯勒。”身受盲聋哑三重痛苦，却能克服残疾并向全世界投射出光明的海伦·凯勒，以及她的老师沙莉文女士的成功事迹，说明了什么问题呢？答案是很简单的：如果你在人生的道路上，选择信心与热爱，以及努力作为支点，再高的山峰也会被踩在脚下，你就会攀登上生命之巅。

坚持自己的选择

美丽的梦，不可因为小小的风浪而随意搁浅。许多时候，放下多余的东西，坚持自己的梦想，幸福都有希望完满。

每一个人都有各种各样的梦，但并非谁都能圆梦。

科尔和马克一起去医院看病，他们都是鼻子不舒服。在等待化验结果期间，科尔说如果是癌，立即去旅行。马克也表达了相同的意愿。

结果出来了，科尔得的是鼻癌，马克长的是鼻息肉，科尔留下了一张告别人生的计划表离开了医院，马克却留了下来。科尔的计划是：去一趟埃及和希腊，以金字塔为背影拍一张照片，在希腊参观一下苏格拉底雕像；读完莎士比亚的所有作品……

他在这生命的清单后面这样写道："我的一生有很多梦想，有的实现了，有的由于种种原因，没有实现。现在上帝给我的时间不多了，为了不遗憾地离开这个世界，我打算用生命的最后几年去实现剩下的愿望。"那一年，科尔辞掉了公司的职务，去了埃及和希腊。现在科尔正在实现他出一本书的夙愿。

一天，马克在报上看到科尔写的一篇有关生命的文章，于是打电话去问科尔的病情。科尔说："我真的无法想象，要不是这场病，我的生命该是多么的糟糕。是它提醒了我，去做自己想做的事，去实现自己想去实现的梦想。现在我才体味到什么是真正的生命和人生。你生活得也挺好吧？"

马克没有回答。他早把自己亲口说的去埃及和希腊的事放在脑后了。

人生在世，每个人最后都不可避免地走向生命的尽头，有的人走得快，有的人走得慢。而走得快的人，为了把自己未完的事情做完，不再让生命留下遗憾，反而活出了精彩的人生。而走得慢的人，总是想着自己还有足够的时间去实现自己的人生目标，一拖再拖，直到最后仍然没有完成，碌碌无为地度过了自己平庸的一生。

想到更要做到

古希腊哲学家德谟克利特说："一切都靠一张嘴来谈理想而丝毫不实干的人，是虚伪和假仁假义的。"唯有做到理想与行动二者合一，才有可能让梦境全部实现。

安妮是大学里艺术团的歌剧演员。在一次校际演讲比赛中，她向人们展示了一个最为璀璨的梦想：大学毕业后，先去欧洲旅游一年，然后要在纽约百老汇中成为一名优秀的主角。

当天下午，安妮的心理学老师找到她，尖锐地问了一句："你今天去百老汇跟毕业后去有什么差别？"安妮仔细一想："是呀，大学生活并不能帮我争取到去百老汇工作的机会。"于是，安妮决定一年以后就去百老汇闯荡。

这时，老师又冷不丁地问她："你现在去跟一年以后去有什么不同？"安妮苦思冥想了一会儿，对老师说，她决定下学期就出发。老师紧追不舍地问："你下学期去跟今天去，有什么不一样？"安妮有些晕眩了，想想那个金碧辉煌的舞台和那双在睡梦中萦绕不绝的红舞鞋，她终于决定下个月就前往百老汇。

老师乘胜追击地问："一个月以后去跟今天去有什么不同？"安妮激动不已，她情不自禁地说："好，给我一个星期的时间准备一下，我就出发。"老师步步紧逼："所有的生活用品在百老汇都能买到，你一个星期以后去和今天去有什么差别？"

安妮终于双眼盈泪地说："好，我明天就去。"老师赞许地点点头，说："我已经帮你订好明天的机票了。"第二天，安妮就飞赴到全世界最巅峰的艺术殿堂——美国百老汇。

当时，百老汇的制片人正在酝酿一部经典剧目，几百名各国艺术家前去应征主角。按当时的应聘步骤，是先挑出10个左右的候选人，然后，让他们每人按剧本的要求演绎一段主角的对白。这意味着要经过百里挑一的两轮艰苦角逐才能胜出。

安妮到了纽约后，并没有急着去漂染头发、买靓衫，而是费尽周折从一个化妆师手里要到了将排的剧本。这以后的两天中，安妮闭门苦读，悄悄演练。

正式面试那天，安妮是第48个出场的，当制片人要她说说自己的表演经历时，安妮粲然一笑，说："我可以给您表演一段原来在学校排演的剧目吗？就一分钟。"制片人首肯了，他不愿让这个热爱艺术的青年失望。而当制片人听到传进自己鼓膜里的声音，竟然是将要排演的剧目对白，而且，面前的这个姑娘感情如此真挚，表演如此惟妙惟肖时，他惊呆了！他马上通知工作人员结束面试，主角非安妮莫属。

就这样，安妮来到纽约的第一天就顺利地进入了百老汇，穿上了她人生中的第一双红舞鞋。

超越自我

超越别人的人，不能算真正的超越；超越从前的自己，才是真正的超越。（《塔木德》）

《塔木德》上记载：超越别人，不能算真正的超越；超越从前的自己，才是真正的超越。在犹太人看来，人有两个生命，一是父母给的，二是自己赋予自己生命的实质。赋予自己生命的实质，只能依靠创造力，而旧有习性却束缚创造力。要获取创造力只能自己凭意志和毅力超越这种旧习性。

犹太人有一则故事教导人们要去超越自己。

有一对父子俩都是拉比。父亲性格温和，考虑周到；而儿子却孤僻、傲慢，所以他一直没有成功。

有一天，儿子对父亲抱怨。

老拉比说："我的孩子，作为拉比我们之间的区别是：当有人向我请教律法上的问题时，我给他回答。他提的问题及我的回答，我的提问人和我都满意。但是若有人问你问题，则双方都不满意——你的提问人不满意是因为你说他的问题不是问题，你不满意是因为你不能给他一个答案。所以，你不能怪别人而必须放下架子鼓励自己，才能成功。"

"父亲，你是说我必须超越自己？"

"是的，"父亲回答，"超越以前的自己的人，才是真正成功的人。"

道理很简单，如果勤劳自勉，借以超越自己，那么总有一天，就会自然而然地超越别人。人一定要把握住自己的内在动力，超越自己，才能不断地鞭策自己前进。

若想超越自我，就要打破现有的状态，敢于向未知的领域挺进，具有冒险精神，正如犹太科学家爱因斯坦所说："人必经常思考新事物，否则和机器没什么两样。"

犹太人认为，超越自己的事情一天都不能放松，尽量地学不同的事物，将它们组合起来，才会有新的智慧和洞察力，这些不同的事物相互影响之后，往往会有许多新的创见。每个人都有与生俱来的创造力，只是有些人通过坚持不懈地学习，把它发挥了出来，更多的人则因为懈怠让这种才能荒废掉了。

美国著名影星保罗·纽曼是一位犹太人。因为善于适应环境，活用自己身上的天赋，不断超越自我，在演员和商人两重身份间出入自如，从而“财”“艺”双收。

保罗·纽曼有杰出的演艺才能和先天的强健体魄，在银幕上成为男性美的化身。他拍摄了许多影片，如1956年的《上帝喜欢我》，1958年的《漫长炎热的夏季》、《热铁皮屋顶上的猫》，1960年的《阳台上》、《成功》等，其中有不少影片获得好评，他曾先后5次被提名为奥斯卡金像奖最佳男主角。在他60岁那年第六次被提名时，终于摘取了奥斯卡金像奖最佳男主角的桂冠。保罗·纽曼除了有高超的演技外，还是一个出色的导演，他曾导演拍摄过5部电影，也执导过电视剧。他导演的《雷切尔》获得了很大的成功。

这位出生于美国俄亥俄州克利夫兰的犹太人，父亲是一家体育用品商店的小老板，小保罗小时候便喜欢运动，因而有一副好身材。他的母亲是位音乐戏剧爱好者，小保罗受母亲的影响，也喜欢音乐戏剧。当他上大学时，常参加学生的娱乐活动，有时还登台演出自编自演的小剧目。这样，无形中练就了他的表演技能。

1982年，保罗·纽曼向一位作家朋友提出自己想开发一种拌面条用的酱汁，这种酱汁是保罗自己在厨房做菜时调配的。

两人一谈即合，同意各出资50万美元开发这种产品，取名为“保罗·纽曼面汁”，生产这种面汁的企业亦取名为“保罗·纽曼公司”。公司创办之初，使用最便宜的家具和工具，但他们却使用最好的原料和最佳的配方，以确保面汁质量。产品推向市场后，各地超级市场不断要求补充货源，他们不得不雇请工人扩大生产，仅仅经营了一个月，就纯赚4万美元。

第一炮打响以后，“保罗·纽曼面汁”的销量开始月月增加，合伙投资的 100 万美元本金，在开业的几个月就收回了。到开业一周年时，公司的纯利润达 1200 万美元，到第六年，该公司已成为一个大企业，被喻为“食品王国”。

保罗·纽曼无论在台前演戏，还是在幕后经商，都显示出了超凡的能力。不断超越自己使他在演艺界和商界齐头并进，成了一个名利双收的富豪明星。

保罗·纽曼从商人到演员直到天皇巨星，再从天皇巨星到企业家，再到食品大王，他的人生之路告诉人们，只有不断超越自我，不断让自己在新的生活和环境中去迎接挑战，才能保持住不灭的创造力，才能最大限度地发掘自己的潜力。

第七章

专注勤奋：重视人生的每一步奋斗

命运掌握在自己手里

每个人的命运都掌握在自己手里。翻开那些成功犹太人士的奋斗史，我们总会看到：他们都是将自己命运掌握在自己手中，从自我做起，不断超越自己，而最终成就为强者。

在犹太社会中，个体的存在是高于家庭，乃至家族的存在的。但这并不是说家族的存在不重要。在个人的成功方面，家庭或家族并不是重要的因素，最重要的因素是自己，是个人的努力与奋斗。正是基于此种认识，我们才有马克思、弗洛伊德、奥本海姆、爱因斯坦等这样伟大的智慧头脑，而他们并没有来自一个显赫的家族，他们依靠的唯一的是自己。就犹太商人而言，那些威仪四方、名震天下的巨贾富商们，更是白手起家，从无到有，不断积累，不断壮大自身实力，最终成为功成名就的代表。

所谓“天生我材必有用”，人来世间，都有各自的使命，唯有尽量发挥自己的优点，为人们服务，才能展现生命的妙用。

从前有位哲人，有一天，这位哲人的朋友告诉他：“君主给了我一些大葫芦的种子，我把它们拿去种，长出来的葫芦果然很大，可以容纳五升的水，但是装满水后拿起来就破了。既然无法装水，我就把葫芦剖成两半当勺子，可是因为它太宽，深度又浅，所以也不方便使用。我一气之下就把它打破了。”这位哲人听了，惋惜地说：“哎呀！多可惜，既然不能用来装水，那你为何不编一个网把葫芦网住，然后系在腰间，这样不就可以在水上浮游、悠哉游哉吗？多逍遥自在啊！若懂得使用它，它就是很好的东西，可惜你不会用，竟然把它毁坏了。”

这位哲人说的这番话，和人生的道理很相似，人各有优缺点，我们要了解自己的优点在哪里，尽量发挥它的妙用来为人们服务，这样的人生才有价值。所以，能够真正认识自己，才是最有用的人生。所谓“欲知人，先知己”，若不认识自己，只想了解别人，是本末倒置，也是很痛苦的事。想认识自己，就要反观自心，一定要多用心！

美国连锁店先驱卢宾，最早也是一个穷光蛋。他 17 岁时随着“西部大淘金”的浪潮去加利福尼亚，但淘金并没有为他挣来多少钱。后来他做一些小商小贩的买卖，才开始赚一些钱。他的钱越赚越多，并且将自己的生意扩大到城市，直到发明连锁经营的方式。他的生意才越做越大，以致像滚雪球一样，历经数年的时间，终于成了大富翁。

金融世家罗思柴尔德家族的第一代创始人迈耶·罗思柴尔德也是一个出生于德国法兰克福一条脏乱犹太街的穷小子。开始时他贩买古钱币，并苦苦经营了 20 多年，终于得到世人对古钱币的喜好而命运陡转，成了富翁，并最终涉身金融领域，一发不可收拾，最后成了威震欧洲乃至全球的金融大亨。

牛仔裤的创始人利维·施特劳斯、服装大王罗森沃德、美国电报大王萨尔诺夫、股票神人孔菲德等都是以自己为起点，白手起家，从一无所有，而最终成为富翁大亨的犹太人。

法国名画家纪雷有一天参加一个宴会，宴会上有个身材矮小的人走到他面前，向他深深一鞠躬，请求他收为徒弟。纪雷朝那人看了一眼，发现他是个缺了两只手臂的残废人，就婉转地拒绝他，并说："我想你画画恐怕不太方便吧？"可是那个人并不在意，立刻说："不，我虽然没有手，但是还有两只脚。"说着，便请主人拿来纸和笔，坐在地上，就用脚趾头夹着笔画了起来。他虽然是用脚画画儿，但是画得很好，足见是下过一番苦功的。在场的客人，包括纪雷在内，都被他的精神所感动。纪雷很高兴，马上便收他为徒弟。这个矮个子自从拜纪雷为师之后，更加用心学习，没几年的工夫便名闻天下，他就是有名的无臂画家杜兹纳。没有手竟然能成为画家，岂不是很不可思议吗？

这个故事告诉我们；每个人的命运都掌握在自己手里，只要有排除万难的毅力和恒心，你就能创造奇迹，做到别人所做不到的事情。

犹太家长也经常这样教育孩子。在他们的眼里只有自己的力量，其他的诸如家世显赫，门面堂皇之类的东西不过是与己无关的陪衬罢了。他们只相信自己的力量，认为自己的命运掌握在自己的手里，那种将个人的命运依靠在别人身上的人注定是要过悲悯的一生。那么具体而言，犹太家长普遍认为，要想让孩子们将命运握在自己的手心，要具备以下四点才行：首先，要确立自己人生奋斗的远大目标；其次，要具有自强不息的精神；再次，要有顽强的独立意识；最后，要在人生奋斗的旅程中，积极进取。如果孩子做到了这四点，那么他们就找到了掌握自己命运的金钥匙。

从我做起

一切都要从自己开始，寄希望于别人远远不够，与其指望别人，不如自己亲自动手。

人最爱犯的错误就是认识和观念的错误，一旦观念不正确，就必然导致行为跟着错。任何人都希望别人给予帮助。在困难和危险面前，我们总在想:“要是有人帮我一把有多好！”于是，我们老寄希望于别人，特别是自己的朋友。但实际上，朋友再好也仅仅是朋友而已，他的心里想什么你只能去揣测，而绝对不会受你的左右，而至于那些不曾相交的一般人，就更别指望了。一般而言，人是有善心的，但是绝不是每个人都是菩萨。所以，自己不做事而寄希望于别人，自己便是天生的寄生虫；与其将希望寄托在别人身上，不如从自己开始，牢牢把握自己。

人人都希望有一个好的家庭，在生活中获得成功与幸福；同时也希望自己有个好的工作条件和拥有一个好的祖国。这样的话，我们不怎么努力也可衣食无忧。可是，我们知道如何来创造一个良好的家庭环境、好的工作条件和富裕的国家吗？

那些显赫的家族确实令人羡慕，可我们必须知道的是，当他们的先辈创业时多半也是白手起家，靠自己的双手和智慧才赢得了这片天地。而后继者也是勤耕不辍，兢兢业业，在先辈的基础上继续前进，而绝不是坐享其成，坐吃山空。我们梦想着有个优雅舒适的工作空间，做着令人艳羡的白领或金领贵族，可是我们必须知道，这样的工作空间是靠自己不断地学习和积累经验才可能有的。同样，我们希望自己降生在一个美丽富饶繁荣的国度，可是，正如肯尼迪说的那样："不要问你的国家能给予你什么，而要问自己能为自己的祖国做些什么。"如果没有一个个个体的奋斗与努力，一个国家又怎么能够繁荣与富强呢？

可是，人的天性就是对别人的过失总是很敏感，而对自己却异常的宽容，有时甚至还会强词夺理，为自己巧言辩护。人总是严格地要求自己的妻子、儿女、朋友、上司、同事、下属，却唯独不能严格要求自己。因此，人最大的一个缺点就是不能够做到以身作则，从我做起。中国有句俗话叫"正人先正己"，更告诫人们"其身正，不令而行；其身不正，虽令不从"。我们要时时反省自己，"吾日三省吾身也"，先自我批评，管好自己，然后才能推己及人。

《犹太法典》中是这样告诫犹太人的："最值得依赖的朋友在镜子里，那就是你自己。""人们介意他人身上些微的皮肤病，却睁眼不见自己身上的重病。""人有两片耳一张嘴，就是要人凡事应多做少说。"同时，《犹太法典》还这样来比喻领导者："身体从头开始。""没有船长的船，就如同没有舵，全然不知方向。""能以微笑回答别人非难的人，是领袖之才。"

可见，人首先要严格要求自己，然后才可以要求别人。路要真正自己去踩，才算真正走自己的路。叫别人走，自己不走，是毫无道理的；而踩着别人的脚后跟走，实际上是替别人走路。

犹太人在经营管理活动中，他们从来都是以身作则，先自己做好表率，然后才以自己的行动去影响感化别人，而很少有自己都没有遵守却让别人遵守的情况。或许，履行契约、遵守规章，从我做起，这些只是犹太人从我做起的比较浅层次的表现。在商业活动中，犹太商人严格遵守契约合同，哪怕这种约定是口头上的。在他们看来，既然双方达成了某种一致，就应该一丝不苟地去执行。犹太人在内心的灵魂深处，有着可贵的“慎独”精神，也就是可贵的自我反省、自我批评的精神，他们总是去问自己做了什么，应该做什么，做对了什么，却很少去要求别人该怎样。

同样，犹太人有着凡事从自己做起，善于自我反省，慎独自律的传统。他们以信守合约，遵守法律著称于世。也就是说，不管如何，都要求自己遵照契约的约定来履行自己的义务和享用自己的权利。他们相信，只有从自己做起，从自己这方面去执行合约，才能真正体现合约的精神——按照合约规定来履行自己的义务。两方都按合约来要求自己，这样合约的价值才能真正体现；否则，一方不从自己做起，却要求对方，那合约的执行就会遇到困难；如果双方都想着用合约去牵制别人，那么这个合同就可能要破产。在与犹太人的商业往来中，根本不存在犹太人不履行合约的情况，除非是合约本身有问题。正是这种先从自己做起，自己严格要求自己遵守约定的商业精神，使犹太人获得了“世界第一商人”的桂冠。

一分耕耘，一分收获

认真是做好任何事情的保证和前提。只有认真负责，通过艰苦细致的劳动才能达到理想的效果。

犹太儿童经常听家长讲这样一个故事。

柯比是一位木匠，他擅长砍削木头制造一种乐器，那时人们称这种乐器为鐻。柯比做的鐻，看到的人都惊叹不已，认为是鬼斧神工。柯比的君主闻听此事后，召见柯比问：“你是用什么方法制成鐻的？”“我是个工匠，谈不上什么技法。”柯比回答说：“我只有体会，在做鐻时，从来不分心，而且实行斋戒，洁身自好，摒除杂念。斋戒到第 3 天，不敢想到庆功、封官、俸禄；第 5 天，不把别人对自己的非议、褒贬放在心上；第 7 天，我已经进入了忘我的境界。此时，心中早已不存在晋见君主的奢望，给朝廷制鐻，既不希求赏赐，也不惧怕惩罚。”柯比在把外界的干扰全部排除之后，进入山林中，观察树木的质地，精心选取自然形态合乎制鐻的材料，直至一个完整的鐻已经成竹在胸，这个时候才开始动手加工制作。“否则，我不会去做！”柯比向君主详细介绍制鐻过程后，继续说：“以上的方法就是用我的天性和木材的天性相结合，我的鐻制成后之所以能被人誉为鬼斧神工，大概就是这个缘故。”

这个寓言教育人们，要想成就任何事情，都必须专一、执着、忘我。柯比制鐻虽然有些过分夸大精神作用，但是强调干事业精神专注、摒除杂念是非常重要的。

卡拉出任纽兰西镇的长官。有一天，他碰到他以前的学生奥莱，便与他探讨治理地方、管理纽兰西的方法。卡拉和奥莱谈得很投机。卡拉讲到自己的治理经验，认为处理政务绝不能鲁莽从事，管理农民更不可简单粗暴。从治理之道又谈到种田之道，卡拉说自己曾种过庄稼。那时，耕地马马虎虎，无所用心，果实结出来稀稀拉拉；锄草粗心大意，锄断了苗根和枝叶，一年干下来，到了收获季节、收成无几。听了卡拉的讲述后，奥莱很关心地打听他以后的状况。卡拉吃一堑长一智，总结自己种田的教训，第二年便改变了粗枝大叶的态度。他告诉奥莱，从此他开始精耕细作，认真除草，细心护理庄稼，想不到当年获得好收成，一年下来丰衣足食。有了种田的失败和成功，卡拉悟出一条道理，做任何事都贵在认真。现在他当镇长，便守住这条做人的准则。奥莱常常拿卡拉的事教育他人。一分耕耘，一分收获。种庄稼是这样，干其他任何事都是这样。

作家长的要培养孩子凡事认真的态度，只有这样孩子才能有所作为。

坚持就是胜利

孩子有毅力，才能学习好。要学好本领，必须苦练基本功，必须持之以恒。只有坚持不懈地练习，才能精通。

犹太家长尤其注重孩子非智力因素的培养。非智力因素包括许多方面，对于孩子来说，意志应该是一个重点。意志薄弱对任何人来讲都是致命的弱点，它不只影响孩子的学习成绩，还会影响孩子一生的发展。杰出人物几乎都是意志非常坚强的人；而几乎所有违法犯罪者都是意志薄弱者，他们控制不了感情，抵挡不了诱惑。犹太家长经常给孩子讲下面的故事。

意大利著名小提琴家帕格尼尼，最擅长演奏旋律复杂多变的乐曲，他高深的琴技很受喜欢古典音乐者的欣赏。有一天晚上，帕格尼尼举行音乐演奏会，有位听众听了他出神入化的演奏之后，以为他的小提琴是具魔琴，便要求一看，帕格尼尼立即答应了。那人看看小提琴，跟一般的琴没什么两样，心里觉得很奇怪。帕格尼尼看出他的心事，便笑着说："你觉的奇怪是不？老实告诉你，随便什么东西，只要上面有弦，我都能拉出美妙的声音。"那人便问："皮鞋也可以吗？"帕格尼尼回答："当然可以。"于是那人立刻脱下皮鞋，递给帕格尼尼。帕格尼尼接过皮鞋，在上面钉了几根钉子，又装上几根弦，准备就绪，便拉了起来。说也奇怪，皮鞋在他手上，演奏起来竟跟小提琴差不多，不知情的人，在听了这个美妙的旋律之后，还以为是用小提琴拉的呢！

可见，钻研任何一种技艺，一定要长期坚持苦练，才能达到出神入化、随心所欲的境界，这是绝对没有偶然的。

从现实生活中的应试来说，孩子的意志品质更加重要。这道理很简单：考试的科目设置和题目安排是不考虑学生有没有兴趣的，考试不能从学生的兴趣出发，只能从选拔的需要出发。而绝大多数学生很难对所有的考试科目都感兴趣。不感兴趣也要学下去，还要学好，这就只好靠意志了。我们会发现，那些考上重点中学和重点大学的学生，差不多都是在学习方面意志比较坚强的学生，他们能忍耐，能坚持，能控制自己的感情去做自己不感兴趣的事情。反之，也有很多学生，十分聪明，学习成绩却不佳，或者严重偏科，他们的问题往往出在意志上。他们怕苦，他们任性，怕苦和任性是意志薄弱的典型表现。这就是人们通常说的非智力因素有问题，它影响了孩子的学习成绩。

从前有两个和尚，一个很有钱，每天过着舒舒服服的日子；另一个很穷，每天除了念经时间之外，就得到外面去化缘，日子过得非常清苦。有一天，穷和尚对有钱的和尚说："我很想到印度去拜佛，求取佛经，你看如何？"有钱的和尚说："路途那么遥远，你要怎么去？"穷和尚说："我只有一个钵、一个水瓶、两条腿就够了。"有钱的和尚听了哈哈大笑，说："我想去印度也想了好几年，一直没成行的原因是旅费不够。我的条件比你好，我都去不成，你又怎么去得成？"过了一年，穷和尚从印度回来，他还从印度带了一本佛经送给有钱的和尚。有钱和尚看他果真达成愿望，惭愧得面红耳赤，一句话也说不出来。

俗话说："天下无难事，只怕有心人。"只要下定决心，有恒心、有毅力，那么天底下再难的事也会变得容易了。穷和尚虽然没有钱，坐不起车船，但是因为他有坚强的毅力，能够长途跋涉，达成愿望。

杰克是一位射箭能手。他只要一拉弓射箭，将箭射向野兽，野兽就应声而倒；将箭射向天空飞翔着的飞鸟，飞鸟就会顷刻间从空中坠落下来。只要看到过杰克射箭的人，没有哪一个不称赞他是射箭能手，真是箭无虚发，百发百中。杰克的学生叫保罗，他跟着杰克学射箭非常刻苦，几年以后，保罗射箭的本领赶上了他的老师杰克，真是名师出高徒。后来，又有一个名叫汤姆的人，来拜保罗为师，跟着保罗学射箭。

保罗收下汤姆作徒弟后，对汤姆学习射箭可真叫严！刚开始学射箭时，保罗对汤姆说："你是真的要跟我学射箭吗？要知道不下苦工夫是学不到真本领的。"汤姆说："只要能学会射箭，我不怕吃苦，愿听老师指教。"于是，保罗很严肃地对汤姆说："你要先学会不眨眼，做到了不眨眼后才可以谈得上学射箭。"

汤姆为了学会射箭，回到家里，仰面躺在他妻子的织布机下面，两眼一眨不眨地直盯着他妻子织布时不停地踩动着的踏脚板。天天如此，月月如此，心里想着保罗老师对他的要求和自己向保罗表示过的决心。要想学到真功夫，成为一名箭无虚发的神箭手，就要坚持不懈地刻苦练习。这样坚持练了两年，从不间断；即使锥子的尖端刺到了眼眶边，他的双眼也一眨不眨。汤姆于是整理行装，离别妻子到保罗那里去了。保罗听完汤姆的汇报后却对汤姆说："还没有学到家哩。要学好射箭，你还必须练好眼力才行，要练到看小的东西像看到大的一样，看隐约模糊的东西像明显的东西一样。你还要继续练，练到了那个时候，你再来告诉我。”

汤姆又一次回到家里，选一根最细的牦牛尾巴上的毛，一端系上一个小虱子，另一端悬挂在自家的窗口上，两眼注视着吊在窗口牦牛毛下端的小虱子。看着，看着，目不转睛地看着。10天不到，那虱子似乎渐渐地变大了。汤姆仍然坚持不懈地刻苦练习。他继续看着，看着，目不转睛地看着。三年过去了，眼中看着那个系在牦牛毛下端的小虱子又渐渐地变大了，大得仿佛像车轮一样大小了。汤姆再看其他的东西，简直全都变大了，大得竟像是巨大的山丘了。于是，汤姆马上找来用北方生长的牛角所装饰的强弓，用出产在北方的蓬竹所造的利箭，左手拿起弓，右手搭上箭，目不转睛地瞄准那仿佛车轮大小的虱子，将箭射过去，箭头恰好从虱子的中心穿过，而悬挂虱子的牦牛毛却没有被射断。这时，汤姆才深深体会到要学到真实本领非下苦功夫不可。他便把这一成绩告诉保罗。

保罗听了很为汤姆高兴，甚至高兴得跳了起来，并还用手拍着胸脯，走过去向汤姆表示祝贺说：“你成功了。对射箭的奥妙，你已经掌握了啊！”

家长经常会因为孩子的下述表现而苦恼：孩子一会儿学这，一会儿学那，一天到晚忙忙碌碌，却不见成效，这是学习无目的、无计划的表现；孩子在做事前，前怕狼，后怕虎，怯懦胆小，犹豫不决，这是行为缺乏果断性的表现；孩子自制力差，上课经常开小差，学习时精力无法集中，或者是制订计划但不执行，一遇到困难就退缩，这是缺乏行为持久性的表现。以上行为的目的性、果断性、自制性、坚韧性都是意志品质的体现，如果孩子长期存在这种问题，那么他们将来很难有所成。犹太家长在这方面是这样做的：

1. 从点滴小事上培养。有些孩子意志不够坚强，但又不肯从小事做起，以为一节课，一次作业，无多大关系，这些与意志无关。岂不知，就是这小小的一堂课，一次作业，滋长了意志薄弱，最后才导致学习上的“全线崩溃”。反之，学习上意志坚强的人，必定认真对待每一堂课，每一次作业，积小胜为大胜而获得学习上的成功。“不积跬步，无以至千里；不积小流，无以成江海。”这是中国古代学者在学习上的经验之谈。

2. 凡是孩子自己能做的事情，家长决不要插手，更不能包办。若一时搞不清孩子能不能做到，应该让他先试一试，家长再决定帮不帮、帮到什么程度。请家长注意，孩子经过自己的努力能做到的事情，家长哪怕只多帮一分，都是在阻碍孩子意志力的发展。这方面家长犯的错误太多了，而自己往往并不觉察。为什么？因为他们总怕孩子受委屈，他们心软。这“心软”其实是家长本人意志薄弱的表现，他们控制不了自己的感情。可见，要想使孩子意志坚强，家长自己先要做一个理智的人、能保证自己的“爱心”不泛滥的人。

3. 学会拒绝。对孩子的不合理要求，家长必须学会拒绝，否则就是在鼓励孩子放纵感情。这方面特别要注意的是各位家长要互相通气，保持一致，以免孩子钻空子。绝不可以认为谁满足孩子的一切要求谁就是爱孩子，那样会使孩子任性的，任性是学习成绩不好的最重要的原因之一。

4. 学会“撤退”。当孩子遇到确实解决不了的学习问题时，家长不要硬逼他完成什么指标，要“撤退”。“撤退”不等于“败退”，“撤退”之后要想办法找内行的人看看孩子问题到底出在哪里，加以解决。明明打不胜的仗硬要打，很容易摧毁孩子的意志。

5. 延迟满足。对孩子的合理要求，只要情况允许，最好也不要立刻满足，要让他等一些时日，让他学会忍耐，让他知道这个世界不是为他一个人准备的，他所要的东西不是立刻就可以到手的。要磨孩子的性子，磨他的脾气，使他变得更有弹性，更有耐心，这对学习是非常重要的，因为学习是慢功，不能一蹴而就。

6. 帮助孩子制定学习目的和计划。对每章、每节的学习，要制定出学习的目的和计划，且要经常检查和监督。对日常生活中许多小事，也要有计划和目的。比如，为了培养自理能力，坚持让孩子自己洗衣服，自己打扫房间等，日积月累，就会养成干事有目的性的习惯。

7. 培养孩子分辨是非的能力。因为孩子意志的自觉性还不强，所以很容易受外界的影响。又由于不能分辨是非，常常不加选择地模仿别人的行为。比如电视、电影中反面人物的动作、语言，日常生活中许多低级下流的东西，应避免让孩子看，同时要教他分辨这些事情的好与坏，积极阻止不良行为的发生。

8. 对孩子进行适当的挫折教育。学习中的“失败”，是哪个孩子也不能避免的，关键是教他如何面对失败。遇到困难和挫折时，帮孩子冷静分析其原因，看看用什么办法才能克服困难，切忌动不动就给予帮助和呵护。这样容易使孩子的意志品质不断地被“软化”，无法经受住暴风雨的袭击。如果孩子始终成绩好而失败较少，没有经过这种“耐性”的磨练，很可能细微的刺激都会扰乱情绪。所以对孩子不要娇生惯养得像“小皇帝”那样，这不利于培养其坚强的意志。

9. 要求孩子学习时要一心一意。有的孩子学习时，经常是削削铅笔，捅捅这个，摸摸那个，总不能集中精力去学习。有时慑于家长的威严，在那里磨时间，其实是他对学习不感兴趣。为了养成一心一意学习的习惯，可适当缩短其学习时间，要求在一定时间内完成一些作业，做完后，就可以痛痛快快地玩。不通过学习时间的长短来判断学习质量。如果常常在那里磨时间，容易在学习中形成一种惰性，一遇到困难就止步不前。

10. 形成良好的学习习惯。孩子意志水平的高低往往取决于是否有良好的学习习惯，独立思考、持之以恒、锲而不舍、循序渐进等都是些良好的学习习惯。而一曝十寒、半途而废、虎头蛇尾、知难而退等，都是些不良的学习习惯。

11. 给孩子找点需要长期坚持的事情做。例如天天扫地，坚持晨练，写日记，照顾邻居老人，为教室开门等等，至少要能坚持一个学期。这种事对培养孩子意志作用很大。不过不要硬派，要和孩子商量，让孩子自己下决心。中间如果孩子半途而废，家长不要发火，要再给孩子机会。培养坚持性本身就需要家长有坚持性，不能急于求成，也不要讲什么大道理。培养意志靠的是行动，而不是说教。

总而言之，能否培养孩子毅力，这是对家长教育艺术的考验，更是对家长毅力的考验。意志坚强的家长才能培养出有毅力的孩子。

没有最好的

凡事不可能尽善尽美。

从前，有条鳄鱼对他卧室里的糊墙纸越看越喜欢。他好久好久地注视着它。有一次他自言自语地说："看看这一排排整洁的花朵和叶子，它们就像一个个士兵那样排列得整整齐齐。""我亲爱的，"鳄鱼的妻子说，"你在床上待的时间太长了，快到花园里来吧，这儿空气新鲜，阳光充足。”“好吧！如果你一定要我这么做，那么就请你稍微等一会儿。”为了保护自己的眼睛不受到阳光的照射，他戴上了一副深色的眼镜，随后走了出去。鳄鱼的妻子为自己有这样一个美丽的花园感到骄傲。她说：“请你看看这些一品红和万寿菊，再闻闻那玫瑰和百合花……”“天哪，”鳄鱼大叫道，“这花园里的花和叶子长得这么凌乱不堪，参差不齐，一点秩序也没有，太糟了，太糟了。”鳄鱼非常生气地回到自己的卧室。可是当他一看到他的糊墙纸时，就高兴得把刚才的一切都忘光了。“啊，”鳄鱼叹道，“这儿才算是一个美丽的花园呢。这些花儿使我觉得多么的欢乐，多么的安宁啊！”从此以后，鳄鱼很少离开那张床，他一直躺在那里朝着墙壁微笑。最后他变成了一条面色苍白、容貌憔悴的鳄鱼。

毫无疑问，像这一类过分强调秩序的事情，世上还是存在的。鳄鱼由于过分强调完美而变得憔悴不堪。其实，世界上任何事情都一样，不可能存在完美无缺，即使有，也是人们的想象罢了。

犹太人很早就意识到了这一点，而且在孩子小时候就给他们灌输这种思想。孩子们经常听家长讲这个故事。

曾经有一个男人，他一辈子独身，因为他在寻找一个完美的女人。当他 70 岁的时候，有人问他：“你一直在到处旅行，从普那到加德满都，从加德满都到果阿，从果阿到喀布尔，你始终在寻找，难道你连一个完美的女人也没有找到吗？”那老人变得非常悲伤，他说：“不是这样的，我碰到了一个，有一次我碰到了一个完美的女人。”那个发问者说：“那么后来发生了什么？为什么你们不结婚呢？”他变得非常非常伤心，说：“没办法啊，她也正在寻找一个完美的男人，让我怎么办呢？”

而那位寻找完美丈夫的姑娘，对丈夫的标准是：年轻漂亮、身体健康，温文尔雅，既不冷淡，又不妒忌，还希望他财产多，有个好门第，再加上聪明机智。总之，要十全十美。许多显贵的求婚人接踵而至，我们的美人觉得他们大半都太瘦弱。“什么？我怎么能嫁给这些人？他们的样子太可怜了，来呀，大家最好来把他们瞧一瞧！”一个毫无风趣，另一个鼻子太难看，这个这里有毛病，那个那里有缺点，总之全不行。

高傲的姑娘把优秀的求婚人打发走之后，那些平庸的人便成群结队地前来求婚。她立刻嘲笑他们：“啊，我真够宽宏大量的，还肯走来给诸位打开大门。你们以为我已经为自己发愁了吗？感谢上帝，尽管我有那么一点点孤单，但夜里一点也不感到寂寞。”

当时，这位美人的心情还相当轻松愉快，但随着岁月消失，年岁增长，她的处境每况愈下，所有求婚人全都走光了。她日益感到微笑、爱情离她而去，后来连她的容貌也无法讨人喜欢了。她虽然涂上各种脂粉，但这番苦心对爱情也无济于事。她无论怎么努力，都无法逃脱那神通广大的窃贼——时间对她容貌的侵蚀。房子倒坍了，可以修葺，但容貌变丑了却没法子恢复。原来装腔作势的她，这时也只好改唱另一种调子，她对着镜子说：“快去找一个丈夫吧！”最后她嫁给了一个粗鄙的家伙，自己还感到十分幸福和愉快。

犹太家长经常教育孩子说，世界上没有十全十美的事情，过分强调完美，有时候会把自己弄得疲惫不堪。做事情要适可而止，不要走极端。

热情，事业成功的加油站

激情需要我们自己创造，这就像信心和机遇一样，等待和抱怨会使你失去仅存的激情，同时也使你的智慧和力量在不经意间消磨殆尽。

美国哲学家、散文家及诗人爱默生说过："没有热情，任何伟大的业绩都不可能成功。"对成功不利的所有因素，如迷惑、失望、恐惧、消极、颓废、猜忌、犹豫等都是由缺少激情而引起的，这些因素的存在使我们未老先衰、止步不前；而由激情带来的希望、果断、积极、主动、兴奋等，则可以使我们获得与困难搏斗的勇气和向目标迈进的力量。

激情是我们事业成功和生活幸福的源泉。

激情给我们以智慧，电脑巨人比尔·盖茨说："每天早晨醒来，一想到所从事的工作和所开发的技术将会给人类生活带来巨大的影响和变化，我就会无比兴奋和激动。"

激情给我们以灵感，牛顿从司空见惯的苹果落地现象发现了万有引力定律。

激情给我们以力量，贝多芬能够在耳朵失聪的情况下奏响恢宏壮丽的命运交响曲。

不管什么样的事业，要想获得成功，首先需要的就是工作的激情，而家庭的幸福和生活的快乐也同样需要用激情来浇灌。可以说，没有恒久的激情和蓬勃的朝气，我们将一事无成。

洛克菲勒在写给儿子的信中说："如果你视工作为一种乐趣，人生就是天堂；如果你视工作为一种义务，那么人生就是地狱。"现在你能猜出，在这位石油大王心目中，工作到底是什么呢？

热爱工作是一种信念。怀着这个信念，我们能把绝望的大山凿成一块希望的磐石。一位伟大的画家说得好：“痛苦终将过去，但是美丽永存。”

热忱是工作的灵魂，甚至就是生活本身。如果时时保持一颗热忱的心，那么你的事业和生活就会蒸蒸日上。

锲而不舍才能成功

由平凡起步，才会超越平凡。幸福不是空中楼阁，它需要一步步地构建。

生活中，一般人的工作都是很平凡的。虽然是平凡的工作，但只要努力去做，和周围的人配合好，依然可以做出不平凡的成绩。

那种大事干不了、小事又不愿干的心理是要不得的。小至个人，大到一个公司、企业，它们的成功发展，正是来源于平凡工作的积累。

18 世纪时，瑞典化学家舍勒在化学领域做出了巨大的成就，然而瑞典国王毫不知情。有一次去欧洲旅行的旅途中，国王才了解到自己的国家有这么一位优秀的科学家，于是国王决定授予舍勒一枚勋章。可是负责发奖的官员孤陋寡闻，又敷衍了事，他竟然没有找到那位全欧知名的舍勒，却把勋章发给了一个与舍勒同姓的人。

当时，舍勒就在瑞典一个小镇上当药剂师，他知道要给自己发一枚勋章，也知道发错了人，但他只是付诸一笑，只当没有那么一回事，仍然埋头于化学研究之中。

在业余时间，舍勒用极其简陋的自制设备，首先发现了氧，还发现了氯、氨、氯化氢，以及几十种新元素和化合物。他从酒石中提取酒石酸，并根据实验写成两篇论文，送到斯德哥尔摩科学院。科学院竟以“格式不合”为理由，拒绝发表他的论文。但是舍勒并不灰心，在他获得了大量研究成果以后，根据这个实验写成的著作终于与读者见面了。舍勒在32岁那年当选为瑞典科学院院士。

如果我们也有舍勒这种埋头苦干、锲而不舍的精神，有在平凡中求伟大的品性，那么成功也就离我们不远了。

第八章

学习教育：孜孜不倦的求知精神

寓教于乐

孩子们更愿意在玩耍、游戏和娱乐中学习知识，增长才干，适应生活，认识环境，促进孩子智力和体力的发育成长。

列宁的父母十分注意如何使孩子们对学习产生兴趣这件事。因为兴趣是促使孩子主动地自觉地好好学习的一个非常重要的条件。对于幼小的孩子，列宁母亲在教他学习外语时总是边玩边学，把学习和游戏结合起来。空闲的时候，父母还和孩子做答题游戏、玩猜字谜，以增强孩子的学习兴趣，促进他们的动脑能力。列宁父亲还很关心培养孩子对学习的责任感和刻苦学习的精神。当二儿子过于轻松地就学会了所有的功课，他没有为之高兴，反而十分担心，恐怕这样会妨碍他刻苦学习的品德和应有的学习责任感的养成。于是便带他去参加一个小学的毕业典礼，给一个勤奋学习因而成绩优异的学生颁发奖状，让他看一看毕业典礼的庄严场面，学习那位学生在学习和生活条件都很差的情况下勤奋顽强学习的精神。通过这些游戏和活动的参加，使孩子们不仅学到知识，更重要的是学会了做人的道理。

从列宁成为一代革命导师的行为来看，他早期的家庭教育是卓有成效的。正是如此，犹太父母在教育孩子时，十分注意将学习与游戏、生活结合起来，寓教于乐，让孩子在愉快的环境下学到知识，让学习不再枯燥。幼小的孩子在家庭生活中一项重要的实践活动是玩耍、游戏和娱乐，寓教于玩，寓教于乐也是教育孩子的一个有效办法。孩子在玩耍、游戏和娱乐中学习知识，增长才干，适应生活，认识环境，促进孩子智力和体力的发育成长。

威特这位近百年来德国少有的奇才，八九岁时能够自由运用德语、意大利语、拉丁语、法语、英语和希腊语等六国语言，并且通晓植物学、动物学、化学、物理学，尤其擅长数学。威特父亲就很讲究对他的教育方法，他认为填鸭式的灌输知识，还不如开阔他的眼界，他利用一切机会丰富威特的见识。在他三四岁时，父亲每天带他散步一两个小时。散步中，他一边与威特谈话，一边捉个小虫，或在路旁摘一朵野花解剖，教他有关昆虫的知识，用一草一木为素材，进行动物学和植物学中有关知识的教育。

在学习外国语的同时，威特还轻松地学到了许多其他知识并养成好的习惯，如动物学、植物学、数学、化学、地理、历史等，但这种学习并不是坐在书桌前读书。威特坐着读书的时间比任何一个同龄人都少，他的父亲用大量时间通过玩耍、散步、运动、旅行及吃饭等生活时间，使他学到知识，懂得道理。如看到古城和建筑物，就讲它们的名称和历史。从两岁以后，不论是串亲访友、参加音乐会或买东西，到哪都带着他，有空就带他去参观所有的美术馆、博物馆、植物园、动物园、矿山、工厂、医院和保育院等开阔他的眼界。威特父亲的教育秘诀，在于唤起孩子的兴趣，并且他鼓励孩子提出问题，他耐心地加以解释和说明，决不随便敷衍，他认为这样教授的知识最自然并且富有成效。参观中，威特总是用心观察各处景观，认真听导游或父亲的说明。三岁以后，父亲带他到全国各地周游，回来就要他把看到的名胜古迹和古战场等写信告诉母亲或朋友，加深记忆。

威特的父亲没有给他买什么玩具，只是在院子里修了一个大游戏场，上面铺着厚厚的沙子，孩子可以自由地坐在上面玩。威特有一套炊事玩具，可以和母亲一起学做菜。有时威特当主妇，妈妈当厨师，如果威特下达的命令不得要领，就失去了当主妇的资格，改由妈妈当主妇，那样威特就得听从妈妈的命令，去菜园取某种蔬菜等，如果材料拿错，就连厨师的资格都没有了。这种演剧式的游戏很多，妈妈是导演，他们还经常演出某个历史事件的某些情节或重游周游过的地方等等，使威特得到正确的历史和地理知识。

父亲还为他做了许多形状的木块，他可用这些木块盖房子、修塔、建教堂、造城、架桥，这些活动非常有利孩子用脑创造发展。

所以，虽然他们只有很少的玩具，但即使在漫长的冬天，威特也不感到无聊，总是可以愉快而丰富地玩着，并且在游戏中学习知识、增长见闻。

威特父亲的教育，就没有什么学习时间和游戏时间的区分。在散步、游玩或吃饭的时间中，他都注意扩大威特的知识面。他每天只为威特规定了平均只有 15 分钟的功课时间，用来学习外语等。在这个时间里，他要求威特专心致志地学习，如果不专心，就会受到父亲严厉的批评。在学习中，其他事情都一律停止，包括客人来访等，这就养成了威特学习时严肃认真的精神。

家长在条件允许的条件下，尽量给孩子创造开展娱乐活动和游戏的环境，让孩子玩得高兴，想象得到实现，好奇心得到满足，从而训练孩子的思维，培养孩子的动手技能。比如，让孩子自己骑小自行车，或推动玩具汽车在地上跑，或把铁片、小木板、玻璃瓶、塑料瓶等放在水中，让孩子仔细观察，哪些深入水底，哪些浮在水面。引导孩子自己做事，通过玩耍游戏等实践活动进行教育，对增强孩子体质，提高孩子的智力和能力都是极为有益的。

学习不应该是枯燥的，父母有责任为孩子创造有利于学习的环境，这不单单指窗明几净的书房和温馨和睦的家庭气氛，更重要的是让每一件能够引起孩子兴趣的活动都含有知识的踪影，让孩子在潜移默化中学到知识，学到道理。

没有教育，就没有未来

“没有教育，就没有未来。”

在建立教育体系的过程中，犹太人高度重视免费义务教育。在犹太历史上，多次记载着为穷苦孩子免去学费的事情。大拉比希雷尔年轻时享受的就是这种待遇。从希雷尔以后，在犹太人中间就有了一条不成文的规定：遇到像希雷尔那样贫穷而又渴求知识的学生，在条件许可的情况下可免交学费，享受免费义务教育。

“没有教育，就没有未来”，这是以色列开国元勋本·古里安的名言。在犹太人的传统中，文化教育和宗教始终占据着举足轻重的地位。每个犹太人都认为，人的一生有三大义务，而教育子女是第一位的。《圣经·箴言》中明确地告诫以色列人要把教育儿童作为毕生最重要的事情，如：“我儿，要听你父亲的训诲，不可背弃你母亲的教导。”“父亲要给子女的教诲，就是智慧之言。”《圣经·申命记》中也多次提到“要告诉你的儿女们”。第六章中还说:“听着,以色列耶和华,我们的上帝是唯一的主,你要尽心尽性,尽力爱耶和华——你的上帝。我今日所吩咐你的话,须铭记在心。也要殷勤教训你的儿女,无论你坐在家里,行在路上都要谈论它们。”犹太人之所以如此强调父母对子女的指导与教诲,是因为他们很早就意识到了平和、虔诚、优雅的个人性格是后天教育的结果。

根据犹太经典《密西拿》的规定,儿童从 6 岁开始就要学习《圣经》,10 岁起学习《密西拿》,13 岁开始学习犹太戒律,15 岁要学习《革马拉》。19 世纪,犹太教育的突出现象是,东欧不少地区形成了律法研究中心,兴办了大量的经学院。在这些经学院中开始划分年级,成绩优异者可以继续学习,终身研究,成为犹太经典的专家拉比。

俄国犹太人一直有热衷于教育的传统。据 1920 年的统计,当时俄国犹太人只有 29.6% 处于文盲、半文盲状态,远远低于其他民族。而且,由于对高等教育的渴求和得天独厚的机遇,他们大量地进入大学和各类技术学院。到 1929 年,在俄罗斯的经济和医学学院中,犹太学生占学生总数的 60% 以上。在苏联解体前,即二十世纪七八十年代,犹太人接受大学教育占全部犹太人的 2/3,而苏联其他民族中上大学的人口仅占全部人口的 1/4。

在俄罗斯的许多犹太社团里,人们都把接受教育看成是最自豪且值得夸耀的事情。希伯来语启蒙作家亚伯拉罕·帕佩纳在他的自传体作品里,详细地记录了在尼古拉一世统治下的一个俄国小城市里犹太人重视教育的现象。科皮尔这座小城市缺少现代化学校,连一所国立或公立的世俗学校也没有。基督徒居民全部都是文盲,可是犹太人却办起了大量的学校。当时，科皮尔共有3000户居民，其中包括白俄罗斯人、鞑靼人和犹太人。犹太人数量最少。所有4~30岁的犹太男子都在传统的男子小学校学习。虽然没有规定女孩子必须受教育，但她们大多数都能朗诵祷词，阅读《托拉》的意第绪文译本。在科皮尔，有位犹太父亲为了送自己的孩子上学，不惜倾家荡产。不少穷人为了缴纳学费卖掉自己仅有的枕头或最后一个枝形灯架。科皮尔的犹太人中没有一个文盲，即使那个为浴池烧火和担水的呆子梅尔克——一个低能的水夫也懂些祷词，能够一字不差地背诵对《摩西五经》的祝词。

《塔木德》上指出：如果学习是最高的善，那么，创造有利于学习的机会与环境便是仅次于学习的善。因此，许多犹太社团都把教育投资看成一种责无旁贷的责任与义务。

美国犹太人人口中受过高等教育的人所占的比例，是整个美国社会平均水平的5倍。在现代社会中，这种重视教育、善于学习的回报就是知识和金钱。所以，每一位年轻的父母请重视对孩子的教育，这不仅是你对孩子的责任，更是你应尽的义务。

因材施教

对于年幼的孩子来说，最重要的是教育而不是天赋。孩子的天赋是有差异的，然而这差异是有限的。就是那些只有一般禀赋的孩子，只要教育得法，也都能成为非凡的人。

犹太拉比认为，为人父母者应该按孩子的思维长项来寻找学习和研究的领域。爱迪生偏向观察，于是选择发明；爱因斯坦的思考方式偏向直觉，于是选择理论物理。唯有用好自己的长处，才能找到最适合自己学习与创造的领域。爱因斯坦在《自述》中说:“我看到数学分成许多专门领域，每一个领域都能费去我们的短暂一生。因此，我觉得自己的处境就像布里丹的驴子一样，它不能决定究竟该吃哪一捆干草。这显然是由于我在数学领域里的直觉能力不够强，以致不能把真正带有根本性的最重要的东西，与其余那些多少是可有可无的广博知识可靠地区分开来。”

意大利著名的天文学家、物理学家伽利略是中世纪的一颗明星。他在物理学方面的发现，打破了 1700 多年以来人们对亚里士多德的迷信。牛顿说过:“如果我能看得比别人远一点，是因为我站在巨人的肩上。”他所说的巨人，指的就是伽利略。

可是，有谁会想到伽利略年轻的时候曾一度想当修道士呢？这位科学界的天才差一点被埋没在修道院里。及时改变伽利略这个主意的，不是别人，正是他的父亲凡山佐。

那时候欧洲的教育和科学都是神学的奴仆，许多学校都是附设在修道院下的。为了让伽利略做好进大学的准备，凡山佐把孩子送到修道院的学校去学习。伽利略在学校里受到宗教感情的激动，决心要当一个修道士，把一生都贡献给宗教。

凡山佐自己擅长数学。但是，那时人们并不了解数学的用处，连大学里都没有专职的数学教授。凡山佐又是一个作曲家和琵琶演奏员。可他不能靠音乐来谋生，只能开一个他不愿意开的小铺子养家糊口。在这种情况下，凡山佐当然不愿意儿子学音乐，也不愿意儿子学数学。他希望儿子成为一名医生。伽利略的名字就是为了纪念他们的祖先——一位著名的医生而起的。

凡山佐当然不同意伽利略的这个错误决定。他知道这个孩子从小对任何事情都喜欢问一个“为什么”，这样的人是不会甘愿长期受宗教教条束缚的。而且，修道院中令人窒息的枯燥生活，也不是伽利略这样的人能够忍受得了的。他找了一个借口，说伽利略一只眼睛有问题，不能看书，把伽利略从修道院带回家中。

后来，经过凡山佐的耐心劝说，伽利略接受了父亲的劝告，改变了想当修道士的念头，进比萨大学当了学生。在比萨大学读书期间，伽利略结识了一些数学家，开始观察和研究了一些物理学的现象，走上了科学研究的道路。

“知子莫若父”，如果没有凡山佐果断、及时而正确的引导，伽利略这颗科学巨星很可能埋没在修道院里。

犹太人认为，孩子的不同爱好，或有益于身体的健康，或有益于智力的开发，或有益于个性的形成，或有益于情操的陶冶。只有尊重和发展孩子的正当爱好，方有遂愿的可能。

每个人都是你的教师

成功的方法不能复制，不同的人有不同的发展环境和机遇，但绝大多数真正的成功者都有共同的特点——善于寻找生活中的榜样，学习和借鉴他们的经验。

杰弗逊 17 岁时就读于威廉与玛丽学院，学习成绩非常优秀，特别是在历史和语言方面。此外，他对农艺、数学和建筑学等也有浓厚的兴趣。后来他自行设计的蒙蒂塞洛宅邸，既具有传统的古典式建筑风格，又有自己独特的特点，堪称为当时美国第一流的建筑，至今仍是美国最值得赞赏的乡间府第之一。

杰弗逊出身贵族，他的父亲是军中的上将，母亲也是名门之后。当时的贵族除了发号施令以外，几乎不与平民百姓交往。但杰弗逊没有秉承贵族阶层的恶习，而是主动与各阶层人士交往。他的朋友中当然不乏社会名流，可更多的是普普通通的仆人、园丁、农民或者贫穷的手工业者。他的优点便是善于从每个人身上学习，因为他知道每一个人都有自己的长处，都有金子般发亮的东西。

杰弗逊仪表堂堂，谈吐生动，富于朝气，喜爱社交。他善于演奏小提琴，常有机会在总督府与一些比他年长很多的社会名流一同演奏古典乐曲。杰弗逊跻身于这些名流之中，经常同他们交谈，获益匪浅。

有一次，他还劝说法国伟人拉法叶特：“你必须像我一样到普通民众家去走一走，尝一尝他们吃的面包，看一看他们的菜碗。只有你亲自这样做了，你才会了解到民众不满的原因，并会懂得正在酝酿的法国大革命的意义了。”

不耻下问、善于学习是杰弗逊的过人之处，他也因此比其他的领导者更清楚民众到底在想什么，到底最需要什么，这也是他成为一代伟人的原因所在。

不论是做学问，还是做人，都要善于向每个有专长的人学习，向含有真知灼见的任何一本书、任何一种见解学习。那种“我比我周围的人都聪明，因此我完全不用理会别人说什么”的想法是错误的。学习是一个非常广泛、综合的内容，每个人都有自己的优点与弱点，你可以向每一个人学到很多东西，要看到每个人的长处、取人之长补己之短。

林肯是美国人心目中最有威望的总统。说起林肯，谁都知道他的父亲是一个庸碌无为而且目不识丁的木匠，他的母亲也是平庸的家庭主妇。那么林肯怎么会有那么卓越的领导和管理才能呢？人们一定会认为林肯受过良好的教育和训练。事实并非如此，不少美国人都知道，林肯所受的教育是极不完整和正规的，他一生中只上过几天的学校而已。在他被选为国会议员后，自己也曾对众人承认过这一点。那么谁是林肯的老师呢？答案就是在肯塔基州森林地带数位巡游的村儒学究，是他们在无意之中帮助了林肯得到长进。

林肯的教师还包括伊里诺州第八司法区的许多人。他曾每天和许多农夫、律师、商人商讨着国家大事和世界上发生的事情，从他们身上学习到很多知识和道理。林肯成功的秘诀就是：每个人都可能做他的教师。

犹太父母教育孩子说，老师和同学，乃至周围的每一个人都可能成为请教的对象，对青年人而言，其实没有哪一个环境是所谓的好环境，也没有哪一个人是唯一的所谓好老师，只有不断变化的环境才是你最好的环境，也只有不断地向不同的人学习才是你最好的老师。

书是人类的朋友

犹太人重视学问、重视智慧、重视教育，在这些文化传统的影响下，以“书的民族”著称的犹太人对读书有一种特殊的爱好。

古时候犹太人的墓园常常放有书本，说是在夜深人静时死者会出来看书。当然，它还象征着生命有结束的时候，求知却无止境。犹太人家庭有一个世代相传的习俗，那就是书要放在床头——要是放在床尾，就会被认为是对书不敬。犹太人自己热爱读书、教导孩子读书的同时，还经常把世界上成功人物的爱书故事讲给孩子们听。比如列宁小时候的教育：列宁的父母力求使孩子们从小养成读书的习惯。爸爸向孩子们提供了适合不同年龄阅读的书籍，订阅了各种儿童读物。他们家里的图书馆有很多藏书，孩子们还从市图书馆借阅各种书籍。书是列宁父母促使孩子智力发展的最主要的手段，它以各种各样的新知识丰富了孩子们的头脑。

流散各地的犹太人，不仅仅是出于对宗教的狂热而研读圣书经文，而是把掌握知识视作谋生的手段与资本。犹太人爱书的传统由来已久，深入人心。在现在的以色列，处处都体现了犹太人嗜书如命的特点。据联合国教科文组织最新的统计数字表明，以色列每年出版的图书达 2000 种以上，其中不包括教科书和再版书，14 岁以上的公民平均每月读一本以上的书。全国的大学图书馆和公共图书馆共 1000 多所，平均每不到 4000 人就有一所公共图书馆。在全国 450 万居民中，办借书证的就有 100 多万。在以犹太人为主要人口的以色列，在人均拥有图书馆、出版社和每年人均读书的比例上，以色列是世界之最，超过世界上任何一个国家，包括那些发达国家在内。此外，以色列出版的各种刊物达 890 多种之多，报纸有 29 种。在街头的报刊亭里，每天都可以买到当天出版的《泰晤士报》、《纽约时报》、《世界报》等西方各大报纸。总之，犹太民族是名副其实的“知识的民族”、“书的民族”。正是在这种爱书如命、刻苦求知的优良风尚的滋养下，犹太人形成了独特的教育观。

热爱读书的同时还要讲究方法。犹太人阿尔伯特·爱因斯坦是世界著名的物理学家、相对论的创立者。被誉为“20 世纪的哥白尼”、“伟大的自然科学的革新家”，他就很注意读书方法的选择，选用“淘金式”读书方法。

爱因斯坦的“淘金式”读书方法的实质在于：在所阅读的书本中

找出可以把自己引到本质的东西，而放弃使头脑负担过重和会使自己诱离要点的一切东西。

曾有人问爱因斯坦不锈钢的成分是什么，他建议那个人去查《冶金手册》；有人问爱因斯坦从芝加哥到纽约有多少千米，他说："实在对不起，我记不住那么多，你可以去查《铁路交通》。"爱因斯坦说："我从来不去记辞典上已有的东西。"显然，爱因斯坦有着丰富的阅读经历，但他更乐意去粗取精地把握书本的要点，对一般知识只记住其来源和出处，而把主要精力放在透彻理解重点知识上，放在记忆实质性问题上，放在独立思考和革新创造上，就好像记住了书的目录一样。爱因斯坦说他获得的知识主要是靠自己获得的，热衷于深入理解，但很少背诵。有一次，爱因斯坦读到一本装帧十分精美的几何教科书，立刻就将书中的精华部分清晰地讲了出来。有人十分钦佩他读书的本领，便向他讨教读书的秘诀，爱因斯坦说："我只是抓住了书的骨头，抛掉了书的皮毛。"

如果你的孩子发现读书是一种有趣而且顺利的体验，那你更应当在他心中植入读书的欲望。你应该每天或每周数次念书给孩子听，并形成定时读给他听的习惯。并且选择有趣味性的书给孩子看，比如那些惹人喜爱的有漂亮插图的图书。孩子们喜欢有人物、场景及他们熟悉的事物的图画和照片。同样，他们也喜欢动物图片。童话故事对孩子们来说是很有魅力的。理论显示它们是有效的工具，可以帮助孩子们在认识世界时免受伤害，并认清现实和虚幻之间的差异。此外，童话故事还能促进孩子们的抽象思维和创造性思维能力。

在给孩子挑选图书时，当代的犹太人通常注意以下几点：

给孩子们看的书篇幅要简短，因为孩子的注意力只能集中一小段时间。另外，这些书应配有插图，因为孩子们大多喜欢那些有插图但是文字很少的图书。

要确保书里的文字部分容易理解。一本字号印得很大的书看起来简单，但却有可能包含难字、僻字，所以做父母的事先要把它浏览一遍，看看你的孩子是否能够理解接受里面的文字。

在读书给孩子听时，尽量把气氛搞得很轻松愉悦，这样他们会从中体会到更多乐趣。朗读时，让手指在你读过的字下移动，但不要强迫孩子跟随你的手指读字或者看这些字。

让他们猜测下一步将要发生什么，鼓励孩子注意图画中的事物。并且当他们这样做时，给予表扬。如果孩子要求的话，重复阅读某些书，一本他特别喜爱的书可以反复读给他听。

判断孩子是否对某个问题感兴趣的最好方法是：看他是否常常谈到它，或看他有多少次能够自发地重看他最喜欢的书。当孩子表示出他要读书时，给他一些他熟悉喜爱而又能“读”的书，即使他已经记住了书里面的文字。以后当他在其他书里再看到这些熟悉的词汇时，他就能知道它们的意思了。还要给孩子准备一些新书，这些书里的故事最好有一定的反复性，而且再三出现相同的词汇，要特别注意书的多样性。

即使孩子已经能够自己阅读也不要停止读书给他听。有你与他一起度过这段亲密时光，他仍然会从中得到很多快乐。同时父母还要教导孩子爱惜书籍，保持书的整洁、美观，不让他们乱涂乱画。把书放在孩子房间里低矮的书架上以便于他们翻阅。

无时无刻不在学习

成功需要成本，时间也是一种成本，对时间的珍惜就是对成本的节约，而时间最有效地利用就是在学习上。

居里夫人，作为一位杰出的女科学家，在仅隔8年的时间内就分别摘取了两门不同学科的最高科学桂冠——诺贝尔物理学奖与诺贝尔化学奖，并且在一生中获得了难以计数的其他科学殊荣，硕果累累。她的长女伊伦娜，核物理学家，与丈夫约里奥因合作发现人工放射性物质共同获得诺贝尔化学奖；次女艾芙，是一名音乐家和传记作家，她的丈夫曾于1965年以联合国儿童基金组织总干事的身份接受瑞典国王授予该组织的诺贝尔和平奖。作为一名普通的母亲，居里夫人十分注意充分利用一切时间与机会培养和教育自己的子女。

居里夫人一生科研工作都十分繁忙，然而她很善于抓紧时间对子女进行早期教育，并善于把握孩子智力发展的年龄优势。比如，居里夫人在女儿不到1岁时，就让她们开始所谓的“幼儿智力体操”训练，带她们到公园去看绿草、蓝天、白云，看色彩绚丽的各种植物和人群；让她们广泛接触生人，到动物园看动物，让她们与小猫玩；让她们到水中拍水，使她们感受大自然的美景。孩子大了一点后，居里夫人又开始了一种带艺术色彩的“智力体操”，给孩子讲童话，教孩子唱儿歌。再大些，就开始智力训练和手工制作，如数字的训练，字画的识别，还教她们作画、弹琴、做泥塑，让她们自己在庭园栽花、种菜等，并抽出时间与她们散步，在散步时给她们讲许多关于动物和植物的趣事，如种子是怎样在地里长成的，小老鼠和鼹鼠是怎样打洞的，哪里能找到兔子窝等。她还教孩子骑车和烹调。

居里夫人的教育都力求从实物开始，并且每天更新，以提高孩子的兴趣。全方位幼儿早期“智力体操”的训练，抓住生活中每一分钟的时间，不仅使孩子智力得到了开发，同时也培养了孩子的各种能力，增强了孩子的自信心，锤炼了孩子的性格。

犹太人不仅在经商时考虑投资、成本，在日常生活中更是教育孩子凡事都要考虑投入与产出。他们教育孩子珍惜时间，要善于利用零碎时间。他们从来不认为半小时是微不足道的一段时间。一个人如果认识到学习的重要，看到自己水平不高，感到时间的紧迫，就会自觉地去利用零碎时间。零碎时间最好用来学习自己最喜欢的学科，以吸引自己的注意力。

18 世纪俄国有一位杰出的科学家叫罗蒙诺索夫，他生长在俄国北方的一个渔村，是一个渔民的儿子。他 8 岁丧母，10 岁时父亲娶了继母，从此他从早到晚在咒骂声中度过，整天干着繁重的家务活。凶狠的继母只要看见小罗蒙诺索夫手里拿着书本，就立即上前夺过来，撕个粉碎。可怜的小罗蒙诺索夫只好趁夜深人静的时候，悄悄一个人躲到屋后的一间板棚里，靠着一支蜡烛的微弱光亮，如饥似渴地读书。

有一次，罗蒙诺索夫和父亲一起出海打鱼。突然间，狂风怒吼，海上掀起了巨浪，帆船在海中颠簸起来。就在这千钧一发之际，小罗蒙诺索夫勇敢地爬上了摇摇晃晃的桅杆，迅速地扎起了吹脱的帆篷。帆船安全了，继续平稳地行进。父亲为了奖励他，要给他买一件鹿皮上衣，但是被他拒绝了，他只要父亲给他买一本讲授自然知识的书就行。他要去探索天空、陆地和大海的奥秘所在。得到这本书后，他更是抓紧点点滴滴的时间阅读。

1730 年，罗蒙诺索夫从家乡来到莫斯科求学。但在沙俄时代，渔民的儿子是没有读书的权利的。一个偶然的机会，他遇见了同乡的已经做书记官的杜季科夫。以后，他就在书记官家里当佣人，并教书记官的儿子识字。有一天，瓦尔索诺菲神父来到杜季科夫家里，听了罗蒙诺索夫不远千里、长途跋涉来求学的倾诉后，感到十分惊奇，并深表同情。于是，瓦尔索诺菲决定隐瞒罗蒙索诺夫的出身，保举他上扎伊科罗帕斯基学校。

罗蒙诺索夫得到了读书的机会，就像鱼儿得水一样。他仅仅用三个月的时间就完成了别人要学一年的课程，一年内连跳三级。在俄国圣彼得堡科学院选拔学生的严格考试中，罗蒙诺索夫的总分名列第一。

但在这时，同为老乡的书记官杜季科夫告发了瓦尔索诺菲神父隐瞒罗蒙诺索夫的出身的真相。神父受到了严厉的谴责，而罗蒙诺索夫则要被发配到边远地区的修道院去服苦役。在宣布了对他的惩罚结果之后，官员们征求罗蒙诺索夫还有什么话要说，他用低沉有力的语调说：“我的家乡是一个艰苦的地方。我是一个渔民的儿子，我有勤劳的双手，艰苦的生活对我并不可怕。从记事起，我就习惯在冰天雪地上听着暴风的吼叫读书，我并不害怕那恶劣的天气。现在我怕的并不是那艰苦严峻的生活，而是不能再学习和认识自己迫切想要了解的世界。对我来说，如果不再学习的话，还不如让我死去。”

这一番感人肺腑的话，使全场的人都激动起来。

这时，科学院代表突然站起来，大声喊道：“我代表圣彼得堡科学院宣布，科学院从你校录取的第一名学生就是罗蒙诺索夫！”

罗蒙诺言索夫在科学院认真学习了一年，又因成绩优异被送往德国留学。

他孜孜不倦的追求，终于使他成为伟大的哲学家、科学家和诗人。他的伟大业绩不仅为俄国人民所敬仰，同时，也给全世界的科学事业增添了光辉的一页，激励着全世界的人们。人们从他身上学到的不仅仅是顽强的意志，还有分秒必争的学习精神。

当代父母在教育孩子时，要注意将学习与游戏、生活相结合，抓紧每一分、每一秒的时间，寓教于乐，让学习变得生动有趣，不再枯燥。

兴趣是最好的老师

幼年阶段对周围事物发生浓厚的兴趣，可能是终生成就的能源。兴趣是最好的导师，兴趣正是儿童对某种事物的欲望，只要有了欲望，你就会从内心的深处去争取喜欢的事物，才会不知疲惫，感到快乐。

发明轮船的富尔顿，出生在一个贫苦的农民家庭。14 岁的时候，他对制炮很感兴趣，并和一个造炮工人结为朋友。他们时常同坐一条小船，到河里去钓鱼。河水流得很急，船在逆水行进的时候，只靠一根竹篙撑动，又缓慢，又费劲。一次一次的劳累使爱用脑子的富尔顿思索起来：能不能制造一样东西来帮人划船，既省了力气，又可节省时间？这个从生活需要所激发的创造火花，一天到晚都像影子一样跟随着他。父母时常看到他在发呆，其实他正在煞费苦心地捕捉创造的灵感，决心把这个既像是玩具又像是机器的东西设计出来。但只停留在想象阶段是没有用的，后来他又一头钻进舅舅家的工棚中——那里什么工具和材料都有，富尔顿可以随着兴趣施展自己的本领。富尔顿一鼓作气地干了7天，带回家一件新奇的玩意，所有人都不明白它的用处。富尔顿不慌不忙地又到那一条湍急的小河中，把那件东西装在小船上，先用手摇动几下，接着就听到突突突的声音响起来了，人们在船上也感觉到船的抖动，船尾有一股被搅动的浪花翻滚着。奇怪，今天再也不需要用竹篙划船了，它却走得比往日快那么多！伙伴们围着含笑的富尔顿欢呼起来。那一件使大家惊奇得喊不出名字的东西，就是现在汽船上的轮子！后来，富尔顿不断地设计创新，不断地摸索改进。终于使他成为有史以来第一个创造轮船的人。

富尔顿幼年时的兴趣，启发引导他创立了自己终生从事的奋斗目标，并艰苦卓绝地为之奋斗。可见，兴趣是最好的老师。

犹太人认为，世人往往对自己的兴趣不了解，大众的行为往往会误导个人去寻找不适合自己的事物。所以要做一个独立的人，不要随大流。

后来成为科普作家的法布尔原本是个教师，在长期的业余研究中，他积累了大量丰富的观察记录和心得体会，写成了闻名全球的《昆虫记》一书。法布尔觉得种族众多的昆虫王国，是一个与人类社会一样有趣的世界。有史以来，这个神奇的领域几乎无人认真地探索过它的奥秘，法布尔想要做第一个！法布尔常常来到校园的一角，蹲在那里观看黄蚂蚁与黑蚂蚁打仗。他常常不知不觉地趴在草地上，静静地以一个观察员的身份，眼巴巴地盯着双方阵容的变化。蚂蚁是用接吻来传递信息的，它们带着互相厮斗的勇猛劲头，顽强拼杀直到援兵大队的匆匆赶来……真是趣味无穷！法布尔对昆虫的业余研究，有效地促进了他所教授的生物课，博得了师生的一致好评和钦佩。

还有苏联的生物学家米丘林，原本是个铁路职工，收入微薄。为了能够拥有一块种植果树的园地，就节衣缩食地过日子，日积月攒，好不容易租种了一块贫瘠的荒土，种上各种各样的果树，作为科研的基地。这时的米丘林才十七八岁。他顶着寒风翻地，培育了许多色美味香、果肉丰满的新品种，创立了自己的园艺学体系。兴趣的力量使他成为苏联和全世界的著名的园艺人才。

实践是检验真理的唯一标准。亲身经历是非常重要的，只有亲身经历过，我们才能够获得经验，而随着经验而来的则是价值非凡的知识。回忆自己的亲身经历，了解自己的成败得失，有助于我们了解自己的优点和弱点，在制定人生大目标的时候，知道自己的兴趣所在，扬长避短。如果你在全市音乐比赛中一举夺冠，或者在校园编程大赛中荣获第一名，那么你绝对有实力成为歌唱家或电脑奇才。

犹太父母还反复教育孩子：人们往往在失败时，过低估计自己的实力。其实失败的时候，你应该努力分析这件事你做成功了哪些部分，而这几部分正是实践的结果，你要相信自己的实力。当然，失败正说明你能力还不够，需要继续努力，但千万不要以成败论英雄。要由兴趣出发，设立远大目标。如果爱玩电脑，你可以追求成为下一个比尔·盖茨；如果喜欢游泳，你可以立志成为游泳运动员；如果看重金钱，你可以学习企业管理，成为一个像犹太商人一样精明的企业家。

知识是永远的财富

生活困苦之余，不得不变卖物品以度日，你应该先卖金子、宝石、房子和土地，到最后一刻，仍然不可以出售任何书本。（《塔木德》）

相传，古时候，犹太人的墓园里常常放有书本。他们认为夜深人静时，死去的人会出来看书。当然这种做法有一种象征的意义：生命有结束的时候，求知却永无止境。

犹太小孩最早期得到的关于书本的教育就是：书是甜的。

在每一个犹太人家里，当小孩稍微懂事时，母亲就会翻开《圣经》，点一滴蜂蜜在上面，然后叫小孩子去吻圣经上的蜂蜜。这个仪式的用意不言而喻，书本是甜的。让孩子从小就养成与书接触的习惯。慢慢的，孩子们开始喜欢看书。小时候是因为蜂蜜，长大了则是从书的内容中体会到书是“甜”的。

犹太人把知识视为财富，认为“知识可以不被抢夺且可以随身带走，知识就是力量”。

在每个犹太人小的时候，他们的母亲就会经常地问他：“假如有一天，你的房子被火烧了，你的财产也被抢光了，你会带着什么逃跑呢？”

如果孩子们回答是“钱”或者是“钻石”的话，他们的母亲就会进一步地问：“有一种东西比钻石更重要，它没有形状、没有颜色、没有气味，你们知道是什么东西吗？”

如果孩子回答不上来，母亲就会说：“孩子，你们带走的东西，不应该是钱，不应该是钻石，而应该是知识。因为知识是任何人也抢不走的，只要你还活着，知识就永远跟着你。”

父母就是这样告诉他们的孩子：知识是一切财富的来源，是唯一可以永久打开财富之门的金钥匙。犹太人的历史也一再验证了知识的价值。与其把那些有限的财富交给他们，不如把可以永远打开财富之门的金钥匙——知识给他。

在这个世界上，财富是可以随着境遇的改变而消失和增加的，而知识却是永恒的，它是不会随着时间和条件的变化而改变的。《塔木德》记载了这样一个故事：

有一次，一艘大船出海航行。船上的乘客中除了一位拉比外，全是大亨。

大亨们互相炫耀自己的财富。正在他们争得面红耳赤时，拉比插话了："我觉得还是我最富有，只是我现在的财富无法拿给你们看。"

中途，海盗袭击了这艘船，并把大亨们的金银财宝全抢劫一空。等海盗们离去后，这艘船好不容易抵达了一个港口，但已无法继续航行了。

这位拉比因其渊博的学识，很快受到当地居民的尊重，并被聘为学校的教师。

这时，大亨们深有体会地说："只有知识才是夺不走的财富啊！"

所有的犹太人都知道这个道理，因此，犹太人就特别重视学习。为了让自己的后代注意引导他们的孩子学习，在他们小的时候，就引导他们学习犹太教。犹太教的托拉是这样说的："愈学《塔木德》，生命愈久长……精通《塔木德》的人便在来世获得了永生。"还说，"研习《塔木德》的人值得受到尊敬。他会被称为一个朋友、一个可敬的人、一个崇敬上帝的人；他将变得温顺谦恭，变得公正、虔诚、正直、富有信仰。他将能远离罪恶、接近美德。通过他，世界就有了智慧、忠告、理性和力量。"这些教义就是鼓励犹太人从小要喜欢学习。把钻研和学习提到信仰的高度来看待，这在世界上的各种宗教中是绝无仅有的。

犹太人热爱知识，因为在他们的眼里，知识是唯一的永远也夺不走的财富。在这个世界上世俗的权威不重要，财富和金钱不重要，只有知识才是最重要的。权威没有了人们的拥戴和支持就不能形成，财富和金钱也会随着时间发生变化，而知识是你生存和发展的可靠保证。

犹太人在历史上不断地遭人驱逐，被迫四处流浪，他们的财富可以被任意地剥夺，然而只要他们拥有了知识，他们依然可以凭借自己良好的教育、杰出的智慧、经商的经验，很快再次变得富有。他们的经典如《圣经》、《塔木德》等，是他们保证自己是犹太人的根本，也是他们再度富有的知识和理论的根源。知识是他们在长期的流浪生活中重新振作起来的根本原因。

犹太人在经济运营、商业运作上的非凡成就，是与他们孜孜不倦、不断探索的求索精神分不开的。

犹太人求知精神的基点在于他们对知识有着深刻的，也相当实际的认识，知识就是财富，由此便产生了对知识这种财富近似贪婪的欲望。犹太人四处流浪，没有家园，居无定所，没有生存和发展的权利保障。他们所到之处，唯一的支撑点就是自己头脑中的知识，靠知识创造财富，从而由财富、金钱来为自己争得一条生路，一个生存发展的空间。物质财富随时都可能被偷走，但知识永远在身边，智慧永远相伴，而有智慧有知识，就不怕没有财富。这正是犹太人流浪数千年依然生生不息的原因所在。

也正基于此，犹太人才会认为没有知识的商人不算真正的商人。犹太人绝大部分学识渊博，头脑灵敏。在他们眼里，知识和金钱是成正比的。只有丰富的阅历和广博的知识，在生意场上才能少走弯路少犯错误，这是商人的基本素质。

犹太商人具有令人叹服的经商头脑，是他们的民族尊重知识、酷爱学习、重视教育的结果。

以色列是一个小国，资源贫乏，既缺水，又缺能源，且沙漠比重大。但是，它却有丰富的人才。数十年来，世界各地的犹太人纷纷移民到自己的祖国，他们带来了资金，也带来了知识、技术和特长，他们将这些知识用于国家建设，以色列迅速崛起。这个国家独创了举世闻名的农业技术，靠贫瘠的土地养活了自己，还大量出口农产品；这个国家拥有世界上一流的工业技术。创造这些奇迹，靠的就是知识。

在世界上任何地方，犹太人凭借着自己拥有的“可以随身带走”的知识，跻身于知识要求高、流动性强的各种行业，特别是金融、商业、教育、科技、律师、娱乐和传媒行业。科技人员中一半以上是犹太人；犹太人执掌着《纽约时报》、《华盛顿时报》、《新闻周刊》、《华尔街日报》和美国三大电视网 ABC、CBS、NBC 的帅印，时代华纳公司、米高梅公司、福克斯公司、派克公司也都是犹太人开拓的。在美国前 400 名巨富中，犹太人占了近三成。我们不得不感叹犹太民族神秘的知识力量。

学校在，犹太民族就在

一个不重视教育的民族是没有前途的民族。（《塔木德》）

犹太民族的智慧与丰富的知识除了具有学习和求知的传统这样的“软”的东西外，在“硬件”上，则表现为他们尊奉着一套完善的教育制度。犹太人四处流浪，他们的“学校”也随着他们迁移，在流动不居的恶劣环境下，犹太人从来没有忽视教育，而是将其列为第一位的事情。

从历史上看，犹太人很早就实行了义务教育，称得上源远流长。

犹太传统规定父亲对儿子有三项应尽的义务，其中之一就是教儿子学习犹太经典。许多犹太儿童在幼儿时期就随父亲一道学习识字，诵读《托拉》。公元前516年，波斯王居鲁士打败新巴比伦尼布甲尼撒二世，允许巴比伦的犹太人返回故乡。一批有识犹太先知为了保持民族精神和文化传统，进行了一系列宗教改革，家庭教育被看成是保持民族传统的一个重要环节，因而受到极大的重视。犹太会堂的出现使人们多了两个学习场所。公元前3世纪，犹太会堂开始开办学校，招收儿童入学。公元前1世纪，出现了一些非犹太会堂办的学校，主要向儿童教授读书写字的基本技能。大一些的儿童则进专门学校，在那里系统学习犹太宗教文献。至此，义务教育体系开始在犹太民族中形成。第一位为创立全民义务教育体系做出重要贡献的是耶路撒冷元老院的大法官西缅·本·蔡奇。他于公元前75年制定了一项教育计划，推行广泛的初级教育。他颁布法令规定犹太社区必须资助公共教育，父母必须送儿子入学。到了公元64年，大祭司约书亚·本·加玛拉拉比重申西缅的法令，并规定每个犹太社团都必须设立学校，供6岁以上的儿童就学，同时规定6~10岁的儿童必须入学，在老师的监督下学习。约书亚的这一做法标志着正规学校教育的开始。约书亚的功绩在于，他以法律的形式规定每个社团都必须出资聘用教师，以保障所有的儿童都有受教育的机会，从而在立法上完善了义务教育体制。《塔木德》对班级规模有具体规定：如一名教师最多只能教25名学生。如果学生数超过40人，则必须聘请两名教师进行教学。儿童6~10岁在小学学习，10岁毕业后进入律法学校。15岁以后，如父母有能力支付教育费用，还可留校进一步深造。

在19世纪之前，犹太教育体系的典型模式是：一个教师带着一批学生，整日学习宗教课程。这样的学校被称作“和读”（意为“房间”）。所有阿什肯纳兹和塞法迪犹太社团都以这一教育模式对儿童进行教育。虽然学生随着学业的增长，可以从一个教师手中毕业，去跟另一位教师学习，但这样的学校还不是现代意义上的学校。部分社团开设一种称之为律法学校的学堂，有各种班级，但绝大部分课程都与宗教有关。多数学生在这些学校中学上几年，然后便开始做事。很少有人能一学十几年。19世纪犹太教育的一个重要现象是经学院大量开办，这在东欧尤为突出。犹太民族的传统教育模式由此奠定。

20世纪以前，犹太教育在很大程度上是为犹太男子服务的。犹太女子受到的主要是伦理道德的教育和对《圣经》的了解，有关口传律法的课程从不为女子开设。这一局面在20世纪终于得到改变。自1917年美国正统犹太教学校开始系统地为犹太女子开设《塔木德》课程以来，几乎所有的宗教学校都同时为男女开设同样的课程，打破了在教育上男女有别的传统。

20世纪以来，美国正统犹太教为了鼓励人们学习、研究犹太教教义，开设了一些全日制宗教学校，在主要讲授宗教课程外，也开设部分世俗课程。今天这样的学校数量已从第二次世界大战结束的100所增加到了600所。此外，传统经学院的数量也开始在以色列和美国迅速增长。这些经学院主要招收高中毕业生入校，有的是专为大学毕业生开办的。第二次世界大战结束以来，世界许多大学纷纷开办犹太学系，向犹太和非犹太青年提供学习希伯来语和其他犹太学方面知识的机会，使犹太学研究真正成为一种科学。

“宁可变卖所有的东西，也要把女儿嫁给学者；为了娶得学者的女儿，就是丧失一切也无所谓。”

“假如父亲与教师两人同时坐牢而又只能保释一个人出来的话，做孩子的应先保释教师。”

这些犹太格言正是犹太人尊师重教传统的真实写照。

从犹太人对教育的重视和对教师的敬重，任何人都不难想象出教育的场所——学校，会在犹太人生活中具有何等的地位。

今天，人口仅 780 多万的以色列却拥有 6 所跻身世界一流的名牌大学：希伯来大学、特拉维夫大学、以色列工程技术学院、海法大学、内格夫一本古安大学和巴伊兰大学。

犹太人之所以特别重视学校的建设，除了他们具有那种“以知识为财富”的价值取向之外，还因为在他们看来，学校无异于一口保持犹太民族生命之水的活井。《塔木德》中记载的三位伟大拉比之一的约哈南·本·札凯拉比就认为：学校在，犹太民族就在。

传说公元 68 年，耶路撒冷正陷于罗马军队的包围之中，城内的犹太人面临灭绝的危险。

当时，犹太人内部分成相互对立的两派：一派是主张以武力相拼的鹰派，另一派是主张通过和平解决的鸽派。

相互对立的两派形成了剑拔弩张的态势。鸽派斗争失败后，约哈南被鹰派关押在耶路撒冷的监狱中，受到了严格的监控。

这时，约哈南突然想到了一个办法。

之后不久，从监狱中传出了约哈南的死讯，并且很快传遍了耶路撒冷的大街小巷。

信徒们把约哈南的遗体装进棺材，这样约哈南以下葬为名，逃出了鹰派的看守，来到罗马军队驻守的阵地前。

罗马守兵正要用刀刺入棺材来验尸，约哈南的信徒们纷纷跪地求情说:“如果罗马的皇帝死了，你们是不是用刀验尸？我们现在已经没有武装，还能做出危害罗马军队的事吗？”

最后他们一行终于来到了罗马统帅部。

这时，约哈南走出棺材，要求见罗马军队的统帅。

约哈南直视着司令官韦斯巴芗的眼睛，说道:“一直以来我对将军阁下和罗马皇帝怀着非常高的敬意。”约哈南想的是，韦斯巴芗不久将会成为罗马帝国皇帝。

粗暴的韦斯巴芗对这位长者所给的头衔摸不着头脑，并怀疑约哈南在羞辱他。

约哈南此时看出了韦斯巴芗的不悦，解释道:“阁下不久就会成为罗马帝国的皇帝。”

韦斯巴芗看到约哈南十分认真的样子，火气大消，说道:“那么，你来拜见我的目的是什么呢？”

约哈南回答说:“请您答应我一个请求，给我留下一个能容纳 10 多个拉比的学校，并且永远不要破坏它。”

韦斯巴芗认真地点了一下头，并说如果他能到耶路撒冷，约哈南保存学校的愿望就会得以实现。

那一年，先是尼禄皇帝突然遇害。不久，执掌大权的三员大将又相继被暗杀。韦斯巴芗作为帝国最有贡献的将军成为帝位继承人中的预选者，这时他自称国家元首。其帝位被元老们认可。

韦斯巴芗登上皇帝宝座之后，也许是为了感谢约哈南拉比对他做出的预言，也许他还没有认识到一所学校对一个正在沦落的民族所起的精神作用。当罗马军队血洗耶路撒冷时，他发出了一道命令：留一所能容 10 个拉比学习的学校。这样位于沿海平原小镇亚布内的圣经学院才得以幸存。

实际上，约哈南拉比早就想到罗马军队最终会杀进城来，血洗耶路撒冷。为了保留民族生存的希望，他才冒着生命危险保下了这所学校。

学校留下了，也留下了学校里的几十个老年智者，他们共同维护了犹太民族的知识、犹太民族的传统。战争结束后，犹太人的生活模式也由于这所学校而得以继续保存下来。

约哈南拉比以保留学校这个犹太民族成员的塑造机构和犹太文化的复制机制为根本着眼点，无疑是一项极富历史感的远见卓识。

犹太人长期追求的，不仅仅是保留一所学校，而是力图把整个犹太人生活的传统和犹太文化的精髓保留下来。从犹太民族 2000 多年来持之以恒、极少变易的民族节日，到甘愿被幽闭于“隔都”之内以保持最大的文化自由度，到复活希伯来语，所有这一切都典型地反映出了犹太民族的这种独特追求和这种独特追求中生成的独特智慧。

无独有偶。流散时期的犹太人更注重学校教育，当他们在某一处站稳脚跟后就立即创办学校，使学校成为犹太社团存在的标志。

犹太人对学校教育的重视程度从上海犹太难民身上可以窥见一二。

20 世纪 30 年代，在德国实行的灭犹政策下，大约有 3 万名德、奥犹太人远渡重洋在黄浦江畔登陆，来到了上海滩。

来到上海后，待生活稍有好转些，犹太人便急于为自己的孩子寻找求学的地方。

在著名的犹太财团嘉道理家族的慷慨援助下，1938 年和 1939 年抵达的 120 名犹太儿童被送进了上海犹太学堂，由嘉道理家族主持的“上海犹太青年协会”代付他们的学费。

当时上海犹太学堂已人满为患，但陆续而来的难民儿童却与日俱增，因此，为了解决实际困难，上海犹太社团又先后办起了几所学校，其中最有名的是“上海犹太青年学校”（即嘉道理学校）。他们聘请了经验丰富的教员，传授数学、美术、历史、语言（包括汉语、英语、法语）等课程。

由于教学严谨、治学有方，1946 年，这所学校的学生参加了剑桥学校的考试，并取得很好的成绩。而那些前往美国的学生，也先后进入了名牌大学。

当时一位著名的教育家在参观了嘉道理学校后留言：“欢乐的笑声一直回荡在这个已经忘记了怎样笑的世界里。”

一些经历过上海犹太社区生活的犹太人，回忆这段岁月留给他们的感触时说：“青少年教育是上海犹太人生活中的一个亮点。”

犹太人在建立自己家园的行动中，对学校教育更寄予了厚望。

以色列建国之后，学校建设被列入了国家的主要计划，在很短的几年内就建立了各级门类齐全的学校。

犹太人非常注重学校建设，一种原因是由于他们的文化传统；另一种原因是由于他们对学校教育各种层面上的不同认识。他们认为，学校的责任不仅是培养人才，更是“维护民族共同体的重要途径”。通过正规的学校教育，才能保证其后代们很好地维护犹太人的民族身份，发扬犹太人的民族精神。

学习永远不会太迟

聪明睿智的特点就在于，只需看到和听到一点就能长久地思考和更多的理解。而思考正是一切智慧的开端。

1921年，印度科学家拉曼在英国皇家学会上做了声学与光学的研究报告，取道地中海乘船回国。甲板上漫步的人群中，一对印度母子的对话引起了拉曼的注意。

“妈妈，这个大海叫什么名字？”

“地中海！”

“为什么叫地中海？”

“因为它夹在欧亚大陆和非洲大陆之间。”

“那它为什么是蓝色的？”

年轻的母亲一时语塞，求助的目光正好遇上了在一旁饶有兴味倾听他们谈话的拉曼。拉曼告诉男孩：“海水之所以呈蓝色，是因为它反射了天空的颜色。”

在此之前，几乎所有的人都认可这一解释。它出自英国物理学家瑞利勋爵，这位以发现惰性气体而闻名于世的大科学家，曾用太阳光被大气分子散射的理论解释过天空的颜色。并由此推断，海水的蓝色是反射了天空的颜色所致。

但不知为什么，在告别了那一对母子之后，拉曼总对自己的解释心存疑惑，那个充满好奇心的稚童，那双求知的大眼睛，那些源源不断涌现出来的“为什么”，使拉曼深感愧疚。作为一名训练有素的科学家，他发现自己在不知不觉中丧失了男孩那种到所有的“已知”中去追求“未知”的好奇心，心中不禁为之一震！

拉曼回到加尔各答后，立即着手研究海水为什么是蓝的，发现瑞利的解释实验证据不足，令人难以信服，决心重新进行研究。

他从光线散射与水分子相互作用入手，运用爱因斯坦等人的涨落理论，获得了光线穿过净水、冰块及其他材料时散射现象的充分数据，证明出水分子对光线的散射使海水显出蓝色的机理，与大气分子散射太阳光而使天空呈现蓝色的机理完全相同。

进而又在固体、液体和气体中，分别发现了一种普遍存在的光散射效应，被人们统称为“拉曼效应”，为 20 世纪初科学界最终接受光的粒子性学说提供了有力的证据。

1930 年，地中海轮船上那个男孩的问题，把拉曼领上了诺贝尔物理学奖的奖台，成为印度也是亚洲历史上第一个获得此项殊荣的科学家。

第九章

把握幸福：奏响无悔人生的音符

大海里的船

在大海上航行，没有不带伤的船。

英国劳埃德保险公司曾从拍卖市场买下一艘船，这艘船原属于荷兰福勒船舶公司，它 1894 年下水，在大西洋上曾 138 次遭遇冰山，116 次触礁，13 次起火，207 次被风暴扭断桅杆，然而它从没有沉没过。

劳埃德保险公司老板犹太人劳伦斯基于它不可思议的经历及在保费方面带来的可观收益，最后决定把它从荷兰买回来捐给祖国以色列。现在这艘外壳凹凸不平，船体微微变形的船就停泊在以色列国家船舶博物馆里。

不过，使这只船名扬天下的并非劳埃德公司，而是一名来观光的犹太律师。当时，他刚打输了一场官司，委托人也在不久前自杀了。尽管这不是他的第一次失败辩护，也不是他遇到的第一例自杀事件，然而，每当他遇到这样的事情，他总有一种负罪感。他不知该怎样安慰这些生意场上遭受了不幸的人，这些人有的被骗，有的被罚，他们或血本无归，或倾家荡产，也有的因打输了官司，落得债务缠身。

当他在萨伦船舶博物馆看到这只船时，忽然有一种想法，为什么不让他们来参观参观这条船呢？于是，他就把这艘船的历史抄下来，和这艘船的照片一起挂在他的律师事务所里，每当商界的委托人请他辩护，无论输赢，他都建议他们去看看这艘船。据英国《泰晤士报》说，截止到 1987 年，已有 1230 万人次参观过这艘船，仅参观者的留言就有 170 多本。

我们大多数人没有去过以色列，也不知道这些参观者在留言簿上写了些什么，但有一点似乎是不能少的——那就是，在大海上航行的船没有不带伤的。

在大海上航行，没有不带伤的船。在生命旅行中，没有不受伤的心！我们的家长应当用这艘船的故事告诉孩子：坚持住，不要沉没。

机会的种子

世界上没有十全十美的事物，你手中已经拥有的或许就是最好的。

上帝给两个犹太人各一粒种子，并许诺说："3 年后，谁培育出人间最大的花朵，以至我在天堂都能够观赏，谁就能获得飞翔的机会。"

甲立即揣着种子出发。他发誓要找到世界上最肥沃的土壤，最优良的气候条件。

乙没有出发。因为他觉得脚下的土地就很不错，随手将种子种入土中。

两年过去了。甲走遍天涯海角，但始终没有找到合适的土地，因为再好的土地都有些可疑，似乎仍有更好的土地在遥远的地方召唤他。因此，他的那粒种子一直揣在怀中，无处发芽。

而此刻乙所在的地方，已是漫山遍野的花朵了。这些花朵形态各异，多姿多彩；虽然没有一朵堪称大花，但乙不感到失望，因为种花本身的乐趣令他欣喜不已，充满创意，他更加投入这项工作了。

第三年春天，上帝站在天堂的大门边，看见人间有一朵硕大无比的花，乙正在忙忙碌碌。上帝还看见甲依然揣着种子到处奔波，寻找合适的土地。

这时候，乙感觉自己身轻如燕，飘飘欲仙。

他抬头看见上帝的微笑，赶忙说："上帝呀，请原谅，我不再想飞了！"上帝感到惊诧："难道这不是你种花的初衷吗？"

乙说："当初，我的确是为了飞翔的欲望而种花，并为此漫天撒种；不料机会的来临竟如此简单而主动，它也因此在我眼中失去原有的份量；现在，我更重视种花本身，因为它是飞翔之母，它高于一切机会和欲望！"

当你千方百计地寻找机会时，机会也在千方百计地寻找别人；幸福和成功是虚掩的一扇门，你努力、奋斗就能够开启幸福和成功的大门；选择正确的事业以后就要脚踏实地的工作，不去行动，就不会有半点机会。

快乐的城堡

你的心态对了，你的世界也就对了。

在推销员中，广泛流传着一个这样的故事：两个犹太人到非洲去推销皮鞋。由于炎热，非洲人向来都是打赤脚。第一个推销员看到非洲人都打赤脚，立刻失望起来：“这些人都打赤脚，怎么会要我的鞋呢？”于是放弃努力，失败沮丧而回；另一个推销员看到非洲人都打赤脚，惊喜万分：“这些人都没有皮鞋穿，这皮鞋市场大得很呢。”于是想方设法，引导非洲人购买皮鞋，最后发大财而回。

这就是一念之差导致的天壤之别。同样是非洲市场，同样面对打赤脚的非洲人，由于一念之差，一个人灰心失望，不战而败；而另一个人满怀信心，大获全胜。

成功人士的首要标志，在于他的心态。一个人如果心态积极，乐观地面对人生，乐观地接受挑战和应付麻烦事，那他就成功了一半。人与人之间只有很小的差异，但这种很小的差异却往往造成了巨大的差异！很小的差异就是所具备的心态是积极的还是消极的，而这种很小的差异是我们小时候所受的教育所决定的，巨大的差异就是成功与失败。

人生的试金石

有时候那神奇的试金石就握在我们的手中，而我们却浑然不觉。

著名的亚历山大图书馆在一次火灾中被毁之后，人们在废墟中发现了残存的一本书。可惜这本书没有什么学术价值，政府打算把这本书拍卖掉。由于大家都知道这本书的学术价值不大，没有人愿意买这本书，最终，一个犹太学生购得了这本书。

这本书不但没有学术价值，内容也枯燥无味。那个犹太学生在少有其他的书读的情况下，还是经常把这本书拿出来翻阅，翻阅到后来，书被翻破了，书脊中掉出一个小纸条，上面写着试金石的秘密：试金石是能把任何金属变成纯金的一种小鹅卵石，他看起来和其他的鹅卵石没有什么区别，静静地躺在沙滩上，然而，一般的鹅卵石比较冷，只有试金石摸起来是温暖的。

犹太学生获知这个秘密后欣喜若狂，立刻赶到大海边寻找试金石，犹太学生满怀信心的挑选那些鹅卵石，可是那些石头摸起来都是凉凉的。犹太学生渐渐地有些失望了，他愤怒的把捡起来德鹅卵石朝大海深处扔去。他就这样日复一日，年复一年的在海边扔鹅卵石，而且扔鹅卵石的力气越来越大，那些鹅卵石也被越扔越远。

多年后的一天，犹太学生捡到一块温暖的鹅卵石。然而，他已经形成了到手就扔的习惯，当他意识到那是一块温暖的鹅卵石的时候，那块传说中的试金石已经被他扔到了深海中。他懊恼得潜入海底，寻找了许多天，还是找不到扔出的那块试金石。

犹太学生终于失望了，他一无所获地回到了首都，当时，国内正举行建国百年庆典，国王一时开心摆擂台寻找全国力气最大的人，冠军将被封为伯爵，并可获得大量黄金和良田的赏赐。犹太学生想起这么多年来在海边扔鹅卵石的经历，觉得机会来了。犹太学生随着众人去看热闹，看来看去，觉得那些人的力气都没有自己的力气大。于是他上台去比试，结果把参赛者一个个打败了，获得了大力士冠军，得到了国王的赏赐。

犹太学生变成了富裕而体面的伯爵，他感谢那本给他带来好运的书，决定把那本书重新装订并保存起来。他拆开书脊以便重新装订，却在书脊里发现了夹藏的另外一张纸条，上面写着：世界上没有真正的试金石，你对人生的态度就是试金石。当你老是抱怨没有机会的时候，或许机会真的到了手边你也把握不了。

犹太人经常用这个故事教育自己的子女：不要老是抱怨没有机会，其实机会就在手边，关键在于我们是否能好好把握。“世界上没有真正的试金石，你对人生的态度就是试金石。”

为他人服务的乐趣

要教育孩子懂得为他人服务。

有一对住在达拉斯富有的犹太夫妇，他们常为如何教导他们的孩子们服务他人而烦恼。孩子们已习惯要什么有什么，接受他人的服务，至于服务他人，那简直是中古时代甚至像火星那样遥远的事。做父亲的开始明白这一点时已太晚，但总比完全不开始好！

于是孩子的父母准备了一个特别的活动。假期开始前一周，他告诉全家：“这次感恩节我们要做点不一样的事。”

几个十几岁的孩子立刻坐直，因为通常在这种情形下，父亲会告诉大家一些特别有趣的活动，例如：到巴拿马群岛去玩小艇拖曳的降落伞等。但这次却不一样。

“我们一起到救济中心去，”他说，“去侍候穷人和流浪者吃感恩节晚餐。”

“我们要做什么？”

“得了，爸，你在开玩笑，是不是？告诉我们你在开玩笑。”

他没有。由于他的坚持，孩子们一起去了，但路上孩子们并不高兴，他们很奇怪父亲怎么会做出这样的决定——到救济中心服务他人！若是朋友们知道会怎样想？

但是当天发生的事完全出乎了孩子们的预料，之后也无人能想到有哪一天会比那天更美好。他们在厨房忙来忙去，把火鸡和调味料捧上餐桌，切南瓜派，添了无数杯咖啡。他们在小孩子们面前扮小丑，听老人家说许久以前和遥远的感恩节故事。

父亲看到自己孩子的举动简直开心极了。几周后，孩子们提出了要求："爸……我们想回去救济中心侍候圣诞节晚餐！"于是他们又出发了，如同孩子们所盼望的。在那里孩子们又遇见了感恩节时认识的一些人，他们尤其记得一个有着特殊需要的家庭。当这家在吃饭的行列中出现时，孩子们高兴极了。从那时起，两家人有过数次接触；原本娇生惯养的孩子不只一次卷起袖管，侍候达拉斯最贫穷的家庭之一。

这家庭发生了既明显又微妙的改变，孩子们不再以为凡事皆理所当然，父母亲发觉他们变得更认真、更负责任了。是的，虽然晚了一点，但那总是一个开始。

什么是幸福的人生

幸福其实并不遥远，就在你身边，触手可及。

有一个美国商人坐在红海海边一个小渔村的码头上，看着一个犹太渔夫划着一艘小船靠岸。小船上有好几尾大黄鳍，这个美国商人对犹太渔夫能抓这么棒的鱼恭维了一番，还问要多少时间才能抓这么多。

犹太渔夫说，才一会儿工夫就抓到了。美国人再问："你为什么不待久一点，好多抓一些鱼？"

犹太渔夫觉得不以为然："这些鱼已经足够我一家人生活所需啦！"

美国人又问："那么你一天剩下那么多时间都在干什么？"

犹太渔夫解释："我呀？我每天睡到自然醒，出海抓几条鱼，回来后跟孩子们玩一玩，再跟老婆睡个午觉，黄昏时晃到村子里喝点小酒，跟哥儿们玩玩吉他，我的日子可过得充实又忙碌呢！”美国人不以为然，帮他出主意，他说：“我是美国哈佛大学企管硕士，我倒是可以帮你忙！你应该每天多花一些时间去抓鱼，到时候你就有钱去买条大一点的船。自然你就可以抓更多的鱼，再买更多渔船，然后你就可以拥有一个渔船队。到时候你就不必把鱼卖给鱼贩子，而是直接卖给加工厂。然后你可以自己开一家罐头工厂。如此你就可以控制整个生产、加工处理和行销。然后你可以离开这个小渔村，搬到犹太城，再搬到洛杉矶，最后到纽约。在那里经营你不断扩充的企业。”

犹太渔夫问：“这要花多少时间呢？”

美国人回答：“15~20 年。”

“然后呢？”

美国人大笑着说：“然后你就可以在家当皇帝啦！时机一到，你就可以宣布股票上市，把你的公司股份卖给投资大众。到时候你就发啦！你可以几亿几亿地赚！”

“然后呢？”

美国人说：“到那个时候你就可以退休啦！你可以搬到海边的小渔村去住。每天睡到自然醒，出海随便抓几条鱼，跟孩子们玩一玩，再跟老婆睡个午觉，黄昏时，晃到村子里喝点小酒，跟哥儿们玩玩吉他啰！”

犹太渔夫疑惑地说：“我现在不就是这样了吗？”

人的一生，到底应该追求什么？舍得放弃是一种超脱，当你能够放弃一切无谓的忙碌，做到简单、从容、快乐的生活的时候，你人生中的那道坎也就过去了，你就拥有了一个幸福的人生。

希望与失望

每一个失败里，总包含着成功的种子。

自从传言有人在死海畔散步时无意中发现金子后，这里便常有来自四面八方的淘金者。他们都想成为富翁，于是寻遍了整个河床，还在河床上挖出很多大坑，希望借助它找到更多的金子。有一些人找到了金子，但另外一些人却一无所得，只好扫兴而归。

也有不甘心落空的人，便驻扎在这里，继续寻找。彼得·弗雷特就是其中的一员。他在河床附近买下一块没人要的土地，一个人默默地工作。他为了找金子，已把所有的钱都押在这块土地上。他埋头苦干了几个月，直到土地全变成坑坑洼洼，他失望了——他翻遍了整块土地，却连一丁点儿金子都没看见。

这样的日子又过了 3 个月，他连买面包的钱都快没有了。于是他准备离开这儿到别处去谋生。

就在他即将离去的前一个晚上，天下起了倾盆大雨，并且一下就是 3 天 3 夜。雨终于停了，彼得走出小木屋，发现眼前的土地看上去好像和以前不一样：坑坑洼洼已被大水冲刷平整，松软的土地上长出一层绿茸茸的小草。

“这里没找到金子，”彼得忽有所悟地说，“但这土地很肥沃，我可以用来种花，并且拿到镇上去卖给那些富人。他们一定会买些花装扮他们华丽的厅堂。如果真这样的话，那么我一定会赚许多钱，有朝一日我也会成为富人……”

彼得仿佛看到了将来，美美地撇了一下嘴说：“对，不走了，我就种花！”

于是，他留了下来。彼得花了不少精力培育花苗，不久田地里长满了美丽娇艳的各色鲜花。

他拿到镇上去卖，那些富人一个劲地称赞："瞧，多美的花，我们从没见过这么美丽鲜艳的花！"他们很乐意付少量的钱来买彼得的花，以便使他们的家庭变得更富丽堂皇。

5年后，彼得终于实现了他的梦想——成了一个富翁。

在我们的生命旅途中，一定会遇到各种各样的挫折和困境，如果在面临困境时，你认为自己真的失败了，那么你就会倒下来；如果你对自己说，一定要坚持，那么就意味着，你的人生有了希望，你就会走过险境获得成功。看完这则犹太故事后，家长可以有把握地对孩子说，只要我们用心，就能从任何一件事中找到其中的正面含义和积极因素。

想象人生

想象是创造的源泉，它比知识更重要。

有一个经常潜心研读《犹太法典》的女孩子，她除了有着丰富的想象力之外，与别人相比没有什么不同，平常的父母，平常的相貌，上的也是平常的大学。

大学的宽松环境让她有了更多的时间去想象，她的脑海中常会出现童话中的情景：穿着白衣裙的美丽姑娘、蔚蓝的天空、绿绿的草地，当然，还有巫婆和魔鬼……他们之间有着许多离奇的故事，她常常动手把这些想法写下来，并且乐此不疲。

在大学里，她爱上了一个男孩，男孩的举止和言谈就如同她在童话里想象的一样，他是她想象中的"白马王子"，她很爱他。但是，他却受不了她脑海中那荒唐的不切实际的想法。她会在约会的时候，突然给他讲述一个刚刚想到的童话，他烦透了这样的远离人间烟火的故事。他对她说：“你已经23岁了，但你看来永远都长不大。”他弃她而去。

失恋的打击并没有停止她的梦想和写作。25岁那年，她带着一些淡淡的忧伤和改变生活环境的想法，来到了她向往的具有浪漫色彩的葡萄牙。在那里，她很快找到了一份英语教师的工作，业余时间继续写她的童话。

一位青年记者很快走进了她的生活，青年记者幽默、风趣而且才华横溢。她爱上了他，并且很快步入了婚姻的殿堂。

但她的奇思异想让他苦不堪言，他开始和其他姑娘来往。不久，他们的婚姻走到了尽头，他留给她一个女儿。

祸不单行的是离婚不久，她又被学校解聘了，无法在葡萄牙立足的她只得回到了自己的故乡，靠领取社会救济金和亲友的资助生活。

但她还是没有停止她的写作，现在她的要求很低，只是把这些童话故事讲给女儿听。

有一次，她在英格兰乘地铁，她坐在冰冷的椅子上等晚点的地铁到来，一个人物造型突然涌上心头。回到家，她铺开稿纸，多年的生活阅历让她的灵感和创作热情一发不可收拾。

她的长篇童话《哈利·波特》问世了，并不看好这本书的出版商出版了这本书，没想到，一上市就畅销全国，达到了数百万本之大，所有人都为此感到吃惊。

她叫乔安娜·凯瑟琳·罗琳，她被评为“英国在职妇女收入榜”之首，被美国著名的《福布斯》杂志列入“100名全球最有权力名人”中，她名列第25位。

《犹太法典》告诉我们，无论是想象的还是现实的，我们都应该自己选择自己的人生并为自己选择的人生进行奋斗。前途也许一片迷茫，也许荆棘丛生，但过程本身就是幸福的，因为你确信：总有一天，它会带你到达心中的圣地！

幸福的秘密

幸福的秘密在于欣赏世界上所有的奇观异景，同时永远不要忘记汤匙里的两滴油。

有位犹太商人，把儿子派往世界上最有智慧的人那儿去讨教幸福的秘密。少年在沙漠里走了40天，终于来到一座位于沙丘顶上的美丽城堡，那里住着他要寻找的拉比。

少年走进了一间大厅，目睹了一个热闹非凡的场面：商人们进进出出，每个角落都有人在进行交谈，一支小乐队在演奏轻柔的乐曲，一张桌子上摆满了那个地区最好的美味佳肴。拉比正在一个个地和所有的人谈话，所以少年必须要等两个小时才能轮到。

拉比认真地听了少年来访的原因，但说此刻他没有时间向少年解说幸福的秘密。他建议少年在他的宫殿里转上一圈，两个小时后再回来找他。

“与此同时我要求你办一件事，”拉比边说边把一个汤匙递给少年并在里面滴了两滴油，“当你走路的时候，拿好这个汤匙不要让油洒出来。”

少年开始沿着宫殿的台阶上上下下，眼睛始终紧盯着汤匙不放。两个小时后，他回到了拉比的面前。

“你看到我餐厅里的波斯地毯了吗？看到园艺大师花千年心血

创造出来的花园了吗？注意到我图书馆里那些美丽的羊皮纸文献了吗？”拉比问道。

少年十分尴尬，坦率地承认他什么也没有看到。他当时唯一关注的只是拉比交付给他的事。即不要让油从汤匙里洒出来。

“那你就回去见识一下我这里的种种珍奇之物吧。”拉比说，“如果你不了解一个人的家，你就不能信任他。”

少年轻松多了。他拿起汤匙重新回到宫殿漫步。这一次，他注意到了天花板和墙壁上悬挂的所有艺术品，观赏了花园和四周的山景，看到了花儿的娇嫩和每件艺术品都被精心地摆放在合适的位置上。当他再回到拉比的面前时，少年详详细细地讲述了他所见到的一切。

“可是我交给你的两滴油在哪里呢？”拉比问道。

少年朝汤匙望去，发现油已经洒光了。

“那么，这就是我要给你的唯一忠告，”拉比说道，“幸福的秘密在于欣赏世界上所有的奇观异景，同时永远不要忘记汤匙里的两滴油。”

做到真正的自己，不被外界所搅乱自己的心情，不在乎别人的赞誉与吹捧，更不在乎别人的批评和攻击，这样的人才是真正快乐的人！用这种处世智慧去教导孩子，你会得到意想不到的宽慰。

第十章

财富博弈：盘活钱财，善用小钱滚大钱

金钱无贵贱之分

金钱对于任何人来说，都是平等的，它没有高低贵贱的差别。（《塔木德》）

有一位演讲者在一个公众场合演讲。他拿起了50美元，高举过头顶："看，这是50美元，崭新的50美元。有谁想要？"结果所有的人都举起了手。然后，他把这张纸币在手里揉了揉，纸币变得皱巴巴的了，然后又问观众："现在有人想要这50美元吗？"所有的人举起了手。

他把这张纸币放在地下，用脚狠狠地踩了几下。纸币已经变得又脏又烂了。

他拿起钱来，又问："现在还有人想要吗？"结果还是所有的人都举起了手。于是他说："朋友们，钱在任何的时候都是钱，它不会因为你揉了它，把它踩烂，它的价值就会有任何的变化。它依然可以在商店里花出去。"

为什么那张钞票在那个演讲者的手里揉皱了，又被他踩脏弄破了，还是有人想要它呢？

因为钞票就是钞票，钞票是没有高低贵贱的。它不会因为受到了什么“待遇”就有所差别。

它还是以前一样的价值，和其他等面值钞票的价值是一样的。只要它们的价值一样，钞票都是平等的。

犹太人就是这样的观念。他们从不以自己做的生意小而自卑，在他们看来，所有的生意都是由小做到大的。那些成天只想干一番大事业，对一些小生意提不起兴趣的人，到头来一事无成。因而在他们的经商历史中，他们从不会喜“大”厌“小”。他们喜欢把“钞票不问出处”这句话挂在嘴上，实际上是在教人们创造和积累财富必须处心积虑，必须巧捕商机，必须妙用手腕。

钱是货币，是一个人拥有物质财富多少的标志，有时候更是一个人社会地位的象征。它本身不存在贵贱问题。犹太人的赚钱观念和我们的传统观念不一样。他们丝毫不认为拉三轮、扛麻袋就低贱，而当老板、做经理就高贵。钱在谁的口袋里都一样是钱，它们不会到了另一个人的口袋里就不是钱了。

因此他们在赚钱的时候，不会觉得钱是低贱或高贵的。他们不会因为自己目前所从事的职业不好而感到自愧不如，心态也表现得十分平和。

犹太人的经商活动，有一个看似简单却很难做到的特点，他们对顾客总是一视同仁，且不带一丝成见。在犹太人看来，因为成见而坏了可以赚钱的生意，简直是太不值得了。

犹太人散居世界各地，无论是住在华盛顿、莫斯科，或伦敦等地，他们之间都经常保持密切的联系。例如，住在美国的一位犹太人名叫合利·威尔斯顿的钻石商人，他联合全世界的犹太钻石商组成一个庞大的集团与其他国的人做生意。又如居住在瑞士的犹太人，最能利用中立国的特性，同时联络美国的犹太人和俄国的犹太人来从事国际性的交易。

要赚钱，就要敢于打破旧传统，接受新观念。试想一下，如果因为和对方的思想意识不同，自己在原来成见的作用下，主动放弃了一次赚大钱的机会，岂不是太可惜，太不值得了！我们知道，金钱是没有国籍的，所以，赚钱就不应当区分国籍、为自己设置赚钱的种种限制。聪明的犹太人很早就认识到这点，所以他们很团结，结合在一起共同赚钱，这就是他们成功的原因所在！

现金至上

手头没钱就是穷人。（《塔木德》）

有一家犹太人的小餐馆的墙壁上贴着一首歌谣："我喜欢你，你要借钱，我不能借，怕借了你便不再上门。"说白了，就是"现金交易，恕不赊欠"。然而其言语却很婉转。

其实，这小餐馆的一杯酒才几块钱，却为何绞尽脑汁，编出这样的歌谣来拒绝顾客的赊欠呢？答案很明显，如果小餐馆允许顾客赊欠，其中的利息势必自己承担。换言之，自己所得的利润必然被这部分利息所侵蚀。再者，小本经营的生意，如果赊欠太多，必将影响餐馆的资金周转，甚至使酒店陷入困境。从这首歌谣，可以看出餐馆主人如何煞费苦心了。

还有一位英国犹太富商、欧洲第三大食品生产和经营集团卡文哈姆公司的老板詹姆斯·戈德文密斯爵士也特别迷恋现钞，他有这样的怪癖：他在卖东西时，一般都要求别人支付现金，但是在买别人的东西时，他尽量地用股票支付或者用长期赊购的方式。

犹太人之所以奉行彻底的现金主义，一方面是因为他们在大流散中可以随身携带现金逃跑，另一方面是因为他们对任何人都不放心，一旦将商品赊出去，拿不回钱来怎么办？如果马上要逃跑，岂不要白白损失？所以，唯有现金是安全、可靠和永恒的。

动荡的生活环境，决定了犹太人在财产选择上与众不同。他们通常是持有现金，或把钱换成黄金或钻石，固定财产几乎是零。

彻底采取现金主义，是犹太人的商法之一。这在日常生活及交往中表现得特别明显。与他国商人打交道时，他们心中想的是："那个人今天究竟带了多少现款？"更令人惊讶的是他们对公司的评价："今天那个公司，换成现款，究竟值多少？"总的来说，他们关心的是现金，脑子中除了现金，没有其他的货币形式。他们力求把一切东西都"现金化"。

犹太人这一"保守"的观念，决定了他们的商品交易力求现金交易。纵然交易的对方，在一年后确能变成亿万富翁，也难保证他明天不发生意外。人、社会及自然，每天都在变，只有现金是不变的，这是犹太人的信念。

银行存款，短期内的确可以获得一大笔利息，但是物价在存款生息期间不断上涨，货币价值随之下降，尤其是存款者本人死亡时，还须向国家缴纳继承税。所以，无论多么巨大的财产，存放在银行，相传三代，将会变成零。这就是税法上的原则。世界各国概莫能外。

现款确实不增值，但物价上涨对其影响不大，而且最关键的是手持现款，避免了在银行的财产登记，在财产继承时，不需要向国家缴纳遗产继承税。所以，手持现款时，财产既不增多，也不减少。

银行存款和现金相比，当然是现金最可靠，既不获利也不亏损。小心谨慎的犹太人自然在二者择一的条件下选择了后者。因为对犹太人来说，“不减少”正是“不亏损”的最基本做法。想借助银行存款求得利息，是不太可能获得利润的。但把现金随身携带存在许多弊端。

首先，人们拥有的现款大多数是纸币。纸币易受损坏，一旦发生意外事故如失火等，将损失惨重。

其次，巨款在身，对生命也构成威胁。

现款是不能随便放置的，它需要一个安全的“藏身”之地。

犹太人不把现款存入银行，那么腰缠万贯的犹太人到底怎样保护现款，他们难道不担心它们的安全吗？如果每天都把现款携带在身，当然不可能，也是不安全的。他们已经为现款找到安全之处——银行，不是存款于银行，而是把现款放在银行的保险柜里。

日本具有“银座的犹太人”之称的藤田先生，在访问美国服饰用品商、犹太人狄蒙德先生时，曾参观了他的现款保险柜。狄蒙德先生领他到银行地下室放置保险柜的昏暗地方，打开了装满现款的保险柜。藤田先生十分惊讶地发现保险柜里装着现行的各种纸币，也有五六年前的各种旧币，还有金块，约合日币达二三十亿元。如此巨大的财产，狄蒙德先生却十分放心地置放于此。因为银行是个极其安全的地方，有一流的安全防卫措施、专门的防卫人员，把现款放于此，当然可以高枕无忧了。

有钱不置半年闲

上帝把钱作为礼物送给我们，目的在于让我们购买这世间的快乐，而不让我们攒起来还给他。（《塔木德》）

一个犹太财主有一天将他的财产托付给三位仆人保管与运用。他把钱分成8份，给了第一位仆人5份，第二位仆人2份，第三个仆人1份。犹太财主告诉他们，要好好珍惜并妥善管理自己的财富，等到1年后再看他们是如何处理钱财的。

第一位仆人拿到这笔钱后进行了各种投资；第二位仆人则买下原料，制造商品出售；第三位仆人为了安全起见，将他的钱埋在树下。1年后，财主召回三位仆人检查成果。第一位及第二位仆人所管理的财富皆增加了1倍，财主甚感欣慰。唯有第三位仆人的金钱丝毫没有增加，他向主人解释说："唯恐运用失当而遭到损失，所以将钱存在安全的地方，今天将它原封不动奉还。"

犹太财主听了大怒，并说道："你这愚蠢的仆人，竟不好好利用你的财富。"

第三位仆人受到责备，不是由于他乱用金钱，也不是因为投资失败遭受损失，而是因为他把钱存在安全的地方，根本未好好利用金钱。

犹太人的观念里面，就是"有钱不置半年闲"，与其把钱放在银行里面睡觉，靠利息来补贴生活费，养成一种依赖性而失去了冒险奋斗的精神，不如活用这些钱，将其拿出来投资更具利益的项目。

这个故事也告诉我们这样一个道理：要想捕捉金钱，收获财富，使钱生钱，就得学会让死钱变活钱。千万不可把钱闲置起来，当作古董一样收藏，而要让死钱变活，就得学会用积蓄去投资，使钱像羊群一样，不断地繁殖和增多。

犹太人经商有个共同特点，即采取彻底的现金主义。

犹太富商凯尔，资产上亿美元，然而他却很少把钱存进银行，而是将大部分现金放在自己的保险库。

一次，一位在银行有几百万存款的日本商人向他请教这一令他疑惑不解的问题。

“凯尔先生，对我来说，如果没有储蓄，生活等于失去了保障。你有那么多钱，却不存进银行，为什么呢？”

“认为储蓄是生活上的安全保障，储蓄的钱越多，则在心理上的安全保障程度越高，如此积累下去，永远没有满足的一天。这样，岂不是把有用的钱全部束之高阁，把自己赚大钱的机会减少了，并且自己的经商才能也无从发挥了吗？你再想想，哪有省吃俭用一辈子，光靠利息而成为世界上知名富翁的？”凯尔不慌不忙地答道。

日本商人虽然无法反驳，但心里总觉得有点不服气，便反问道：“你的意思是反对储蓄了？”

“当然不是彻头彻尾的反对，”凯尔解释道，“我反对的是，把储蓄当成嗜好，而忘记了等钱储蓄到一定时候把它提出来，再活用这些钱，使它能赚到远比银行利息多得多的钱。我还反对银行里的钱越存越多时，便靠利息来补贴生活费。这就养成了依赖性而失去了商人必有的冒险精神。”

凯尔的话很有道理，金钱只有进入流通领域，才能发挥它的作用。因为，躺在银行里的钱，对于自己来说，几乎和废纸没什么区别。

犹太人经商，很重要的秘方是不把钱放在银行变成存款。在18

世纪中期以前，犹太人热衷于放贷业务，就是把自己的钱放贷出去，从中赚取高利。到了19世纪后，直至现在，犹太人宁愿把自己的钱用于高回报率的投资或买卖，也不肯把钱存入银行。

犹太人这种不让钱成为存款的秘诀，是一门资金管理科学。它说明做生意要合理地使用资金，千方百计地加快资金周转速度，减少利息的支出，使商品单位利润和总额利润都得到增加。

做生意总得要有本钱，但本钱总是有限的，连世界首富也只不过百亿美元左右。但一个企业，哪怕是一般企业，一年也可做几十亿美元，如果是大企业，一年要做几百亿美元的生意，而企业本身的资本，只不过几亿或几十亿美元。他们靠的是资金的不断滚动周转，把营业额做大。

在犹太人眼里，衡量一个人是否具有经商智慧，关键看其能否靠不断滚动周转的有限资金把营业额做大。

美国著名的通用汽车制造公司的高级专家赫特曾说过这样一段耐人寻味的话："在私人公司里，追求利润并不是主要目的，重要的是如何把手中的钱用活。"

对这个道理，许多善于理财的小公司老板都明白，但却没有真正地利用。往往一到公司略有盈余，他们便开始胆怯，不敢再像创业那样敢做敢说，总怕到手的钱因投资失败又飞了，赶快存到银行，以备做应急之用。虽然确保资金的安全乃是人们心中合理的想法，但是在当今飞速发展、竞争激烈的经济形势下，钱应该用来扩大投资，使钱变成"活"钱，来获得更高的利益。这些线完全可以用来购置房产铺面，以增加自己的固定资产，到10年以后回头再看，会感觉到比存银行要增很多利，你才会明白"活"钱的威力。

商业是不断增值的过程，所以要让钱不停地滚动起来，犹太人的经营原则是：没有的时候就借，等你有钱了就可以还了，不敢借钱是永远不会发财的。攒钱只会让人变得越来越贫穷，因为连他的思维也贫穷了；赚钱会让人富有起来，因为这是一个富人的思维。

攒钱是成不了富翁的，只有赚钱才能赚成富翁，这是一个普通的道理。并不是说攒钱是错误的，关键的问题是一味地攒钱，花钱的时候，就会极其的吝啬，这会让你获得贫穷的思想，让你永远也没有发财的机会。

有句话说："人往高处走，水往低处流。"还有句话说："花钱如流水。"金钱确实流动如水。它永远在不停地运动周转流通，在这些过程中，财富就产生了。像过去那些土财主一样，把银子装在坛子里埋在房基下面，过一万年还是只有这么多银子，丝毫也没有增值。

赚钱天经地义

金钱既非可诅咒亦非罪恶，而是造福人类的东西。（《塔木德》）

对于钱，犹太人既没有敬之如神，又没有恶之如鬼，更没有既想要钱又羞于碰钱的尴尬心理。对于犹太人来说钱干干净净、平平常常。赚钱大大方方、堂堂正正。

一位无神论者来看拉比。

"您好！拉比。"无神论者说。

"您好！"拉比回礼。

无神论者拿出一个金币给他。拉比二话没说装进了口袋里。

"毫无疑问你想让我帮你做一些事情，"他说，"也许你的妻子不孕，你想让我帮她祈祷。"

"不是，拉比，我还没结婚。"无神论者回答。

于是他又给了拉比一个金币。拉比也二话没说又装进了口袋。“但是你一定有些事情想问我，”他说，“也许你犯下了罪行，希望上帝能开脱你。”

“不是，拉比，我没有犯过任何罪行。”无神论者回答。

他又一次给拉比一个金币，拉比二话没说又一次装进了口袋。

“也许你的生意不好，希望我为你祈福？”拉比期待地问。

“不是，拉比，我今年是个丰收年。”无神论者回答。

他又给了拉比一个金币。

“那你到底想让我干什么？”拉比迷惑地问。

“什么都不干！”无神论者回答，“我只是想看看一个人什么都不干，光拿钱能撑多长时间！”

“钱就是钱，不是别的。”拉比回答说，“我拿着钱就像拿着一张纸、一块石头一样。”

由于对钱保持一种平常心，甚至把它视为一块石头、一张纸，犹太人才不会把它视若鬼神，也不把它分为干净或肮脏。在他们心中钱就是钱，一件平常的物品。因此他们孜孜以求地去获取它，当失去它的时候，也不痛不欲生。正是这种平常之心，犹太人在惊涛骇浪的商海中驰骋自如，临乱不慌，取得了稳操胜券的效果。

视钱为平常物，是犹太人经商智慧之一。

犹太人认为赚钱天经地义，是最自然不过的事。如果能赚到的钱不赚，那简直就是对钱犯了罪，要遭上帝惩罚。

犹太人中间流传着这样一个笑话：

一个拉比、一个神父、一个牧师，坐在同一辆火车上。他们在一起谈论着各自的教徒和天命。

牧师说，他总是在办公室的地板上画个小圈，然后把募捐盘里的钱币拿出来抛向空中。“恰好落在小圈里的是给上帝的，剩下的是给我的。”神父说他也是这样做的。拉比说：“我所做的与你们略有不同——我把钱扔向空中，上帝能接到多少就拿多少——剩下的就是给我自己的。”

对于金钱，犹太人是大大方方地视钱如命的——哪怕是像拉比这样的神职人员。在他们的心目中，“伟人”就是既富有又具有生活情趣的人。即使你是大名鼎鼎的学者，但一贫如洗，犹太人也是绝对看不起的。

犹太人认为金钱没有什么好坏。钱不是万能的，但是没有钱是万万不能的。他们赚钱的目的是为了生存，赚钱是求得生存的手段。当他们将金钱放进钱包的时候，自然不会考虑金钱的来源。这种金钱观，为犹太人赚钱减少了障碍，开辟了不少的财源。

大财团希尔斯正是犹太商人的杰出代表，他的始祖名为迈耶·希尔斯，少年时在另一个成功的犹太商贾处当学徒。后来自立门户经营古董商店，以贵族巨贾为推销对象。在 18 世纪后半期至 19 世纪的动乱期间，因善于应变和经营，获得了巨大的盈利。他的经商手法可以说是犹太商人的典范。

有一个这样的故事：

加利是位犹太人，他曾为一个贫穷的犹太教区写信给伦贝格市一位有钱的煤商，请他为了慈善的目的赠送几车皮煤来。

商人回信说：“我们不会给你们白送东西。不过我们可以半价卖给你们 50 车皮煤。”

该教区表示同意先要 25 车皮煤。交货 3 个月后，他们既没付钱也不再买了。

不久，煤商寄出一封措辞强硬的催款书。没几天，他收到了加利的回信："您的催款书我们无法理解。您答应卖给我们50车皮煤，减掉一半，25车皮煤正好等于您减去的价钱。这25车皮煤我们要了，那25车皮煤我们不要了。"

煤商愤怒不已，但又无可奈何。他在高呼上当的同时，却又不得不佩服加利的聪明。

在这其中，加利既没耍无赖，又没搞骗术，他们仅仅利用这个口头协议的不确定性，就气定神闲地坐在家里等人"送"来了25车皮煤。

这就是犹太人的赚钱高招。

犹太人在对工作的选择方面也不同于他人。如果当一个体面的白领所领的工资还没有自己做一份不怎么起眼的小本生意拿的多，那么他们一定会毫无疑问地去选择那份虽不体面但利润颇多的小本生意。

富凯尔就在日本见过这样的一件事情，并且他个人也相当赞同那个人的做法：

富凯尔在一个小摊子上吃了一碗枸杞汤。由于闲着无事，就和摊主聊了起来。这时他才发现，原来摊主以前是一个专攻化学的大学生，而且曾在某公司任化学技师。

富凯尔感到有些不解，通过谈话他才真正明白。

这位技师感觉自己不过是像机器中的一个小螺丝钉一样任人摆布，觉得毫无趣味，便毅然提出辞职，自由自在地摆起了小摊。

他这样做有的人会认为不理智。当技师多体面呀，非要把自己弄得小商贩一样，这不是让家人在朋友面前很不体面吗？

是的，有很多人都这样认为，但是你看看作为犹太人的富凯尔是怎么看待的吧。他认为，人不可真的为了面子而"打肿脸充胖子”，不然会吃很多不必要的苦头，而自己却不知醒悟。犹如那位卖枸杞的人，当技师虽然够体面，但月薪才10万日元，生活方面是相当拮据的。他能清楚地认识到自己的处境，自己要面临的人生，于是他毫不犹豫地改了行。而且自从他自己摆小摊子以后，每月平均可挣到30万日元，生活得到大大的改善，太太和子女们在朋友面前反而更有面子了。

犹太人素把金钱当作世俗的上帝，他们认为，在这个世界上除了上帝之外，就只有金钱最值得人尊敬和重视。

在《塔木德》中，有许多关于金钱的格言：

“《圣经》放射光明，金钱散发温暖。”

“伤害人们的东西有三，烦恼、争吵、空钱包，其中以空钱包为最。”

“身体依心而生存，心则依靠钱包而生存。”

“钱不是罪恶，也不是诅咒，它在祝福着人们。”

“钱会给予我们向神购买礼物的机会。”

犹太人爱钱，但从来不隐瞒自己爱钱的天性。所以世人在指责其嗜钱如命、贪婪成性的同时，又深深折服于犹太人在钱面前的坦荡无邪。只要认为是可行的赚钱方法，犹太人就一定要赚，赚钱天然合理，赚回钱才算真聪明。这就是犹太人的经商智慧的高超之处。

只拿属于自己的

我们行事为人凭着信心信念，不是凭着眼见。（《塔木德》）

犹太人虽然爱钱，但他们却只赚属于自己的钱。他们在金钱的诱惑面前，总能保持足够的定力。他们绝不让金钱腐蚀自己的灵魂。

犹太人追求财富，靠的是自己的头脑和双手光明正大地赚。在犹太人的眼中，拿不义之财就会受到神的惩罚。

有个犹太妇女购买东西，当她从百货公司回到家里从袋中取出东西时，忽然发现里面有一枚戒指。她并没有买这东西。她把此事告诉了小儿子，并带着孩子一并去找拉比，请教怎样处理此事。

拉比给他们讲了《塔木德》中的一则故事：

有位拉比平日靠砍柴为生，每天要把砍的柴从山里背到城里去卖。拉比为了节省走路的时间，决定买一头驴来代替。

拉比向阿拉伯人买了一头驴牵回家来。徒弟们看到拉比买了头驴回来，非常高兴，就把驴牵到河边去洗澡，结果驴脖子上掉下来一颗光彩夺目的钻石。徒弟们高兴得欢呼雀跃，认为从此可以脱离贫穷的樵夫生活，可是拉比领他们赶快去街上把钻石还给阿拉伯人。拉比说："我买的只是驴子，而没有买钻石。我只能拥有我所买的东西，这才是正当行为。"

阿拉伯人非常惊奇："你买了这头驴，钻石是在驴身上，你实在没有必要拿来还我。你为什么要这样做呢？"

拉比回答："这是犹太人的传统。我们只能拿支付过金钱的东西，所以钻石必须归还给你。"

阿拉伯人听后肃然起敬，说："你们的神必定是宇宙中最伟大的神。"

听罢这则故事，妇人立即决定回去把戒指还给百货公司。拉比告诉她："如果对方问到你退还戒指的原因时，你只需说一句话就行：'因为我们是犹太人。'请带着孩子一块去，让他亲眼目睹这件事。他一定会对自己母亲的正直与伟大永记不忘。"

从此故事可以得到启示：犹太人对待金钱是很有原则的。正所谓

“君子爱财，取之有道”。

如果民族的灵魂变肮脏了，民族就彻底完了。犹太人的生存经历是一面明镜，值得人类学习和借鉴。灵魂的纯洁是最大的美德。经商者应当牢记，抓住属于自己的钱，而不抓不属于自己的钱！

犹太人从来只拿属于自己的东西，这里属于自己的东西就是已经付过钱的。他们把这当成一种传统，是不可以破坏的。

犹太商人最重道义，对于金钱，他们坚持取之有道。从不用手段去骗钱。从意识层面来说对利益的追求应该受到一定的制约，有所节制。

以义制利是给私利的追求提出一个标准，对私利的追求，凡符合义的要求的是正当的，凡不符合义的要求的就是不正当的，这就是所谓的“取之有道”。在对利的追求上，问题不在于是不是追求私利，而在于对私利的追求是否合理。只要符合义的要求，即使如舜从尧那里接受天下，也是合理的；相反，如果所求不符合义的要求，那就是不合理的，即使是一碗饭、一分钱，也是不能要的。

既然对利益的追求要服从和符合义的要求。那么在有利可图时，就要先想一想是否合乎道义，来决定取舍；符合道义的就取，不符合道义的就不取。这就是“见利思义”，从反面讲就是不取不义之财。

犹太小伙子罗斯曼大学毕业后在一家外贸公司工作，由于工作出色，很快被公司提升为负责和法国外贸的主管。一次，罗斯曼和法国一家大公司有个合作项目，经过艰苦的谈判，双方都求得了自己要求的利益，达成了一致协议。为了表示对这个项目的重视，法国公司的市场部主管亲自来以色列签约。在签约之后，双方很快进行了交易。可事后，公司的财务部给罗斯曼传来信息，说是公司账上多了5000万法郎，要求查清楚。罗斯曼非常重视，他很快就发现是和法国公司合作中，对方由于某种原因造成一个失误。罗斯曼当时就打电话联系法国公司，随后亲自携带款项到法国，询问这个问题。法国公司对罗斯曼这一举动非常感动，也看出了罗斯曼不取不义之财，他们公司是值得好好合作的一个伙伴。为表示感谢，法国公司主动把合约条款改宽很多，给罗斯曼公司每年增加200万美元的收入。

罗斯曼不取不义之财之举换来的是公司的长期财富。

点“纱”成金

犹太人能从稻草里找出金钱来。

100多年前，有位叫莱维·施特劳斯的德国犹太人，对自己家族世代相袭的文职工作忽感厌倦。意欲就地经商，又不为当局所许，于是便越过重洋，追随两位兄长的足迹跑到美国另谋生路。

异国他乡初来乍到，头一件事是过语言关。莱维先学习与做生意有关的语汇，一周之内，他就成了一位地道的“扬基小贩”，专售线团之类的缝纫用品，货源由其兄供给。3个月以后，他就能代表哥哥们去旧金山发展业务了。

此次旅行，除原来经营的商品外，莱维又带了些帆布以供淘金者做帐篷之用。但他还没有来得及从船上下来，除了帆布，货物都一售而空。一针一线都需从外面进口的旧金山人需求之旺给莱维留下了深刻印象。

下船后，莱维带着帆布开始了他的“淘金”历程。他与一位挖金的矿工迎面而遇，此人抱怨道，他们需要的并不是帐篷而是挖金时经磨耐穿的裤子。莱维一点也不含糊，随即和那位矿工一起到裁缝店，用随身的帆布给他做了一条裤子，这就是世界上第一条工装裤亦即今日十分时髦的牛仔裤的鼻祖。那位矿工回去之后，消息不胫而走，大量订货迅即而来。

莱维初获成功并不就此裹足，他以全副精力和热情投注于自己的事业。他一贯坚持以优质产品应市，由此使他终于找到最坚固的纤维制作工装裤。

莱维所奉行的顾客至上的观点，因此他的产品不断改进。1872年，他采纳了内华达州一位叫雅各布·戴维斯的裁缝的建议，用铜铆钉接缝口袋，使矿工们粗实的衣服更加结实耐穿。在此之前，戴维斯裁缝几年来一直用这个办法缝补矿工们穿破的工装裤。

尽管工装裤渐以莱维的名声著称于世，但直至第二次世界大战结束，莱维·施特劳斯公司只有1/4左右的业务做在服装业上，而其余大部则以经营其他厂家的产品为主。

1948年，莱维·施特劳斯的重外孙瓦尔特·小海斯决定放弃批发业务，集注全力经营工装裤。

莱维·施特劳斯公司的事业由此大振，整个世界成为该公司的目标市场。1979年国内销售额达13亿3千9百万美元，国外销售盈利超过20亿美元。

莱维·施特劳斯这个当年淘金热中不起眼的小角色，历经几代奋斗，终于“挖”到了金子，但这笔财富却不是来自地下。照一位传记作家的话来说，这是经营得法帮助施特劳斯家族把斜纹布变成了金子。而这不就是取决于犹太人所具有的敏锐眼光和《犹太法典》上常说的“勇于探索，认准目标一直走下去”——这一教育特色吗？

世界第一商人

《塔木德》中说，如果世界上所有的苦难都集中到了天平的一端，而贫穷集中到了天平的另一端，那么，贫穷将比所有苦难和痛苦都沉重。

犹太商人沃伦斯在童年时代就表现出与其年龄不相称的经商才能。只有5岁的时候，沃伦斯就已经对做买卖表现出出奇的热情，对于他来说，这世界上最好玩的游戏不是摆弄玩偶和玩具火车，也不是过家家、捉迷藏，而是做买卖。他经常把自己所有的东西都贴上价签，卖给邻居家的孩子，有的东西价格难以确定，他就自己想象一个价格标上。在别人看来，这孩子实在太离谱了，可更为离谱的是，他6岁时竟然将自己拥有的一块奇形怪状的石头标价1万美元出售。他的姐姐问他一块石头怎么会值这么多钱，他的回答是："这么漂亮的东西别人都没有，只有我一个人有，所以价格我可以随便定，想卖多少钱就卖多少钱。"

沃伦斯自身对商业的热情乃至迷恋，再加上父母对其进行的犹太人传统的经商理念的教育，使他在今后的生活中，处处盘算着生意经，并勇敢地付诸实践，拥有了同龄人望而却步的财富。

《塔木德》中还规定，每个希伯来男孩无论其地位高低，家境好坏，都必须学习并掌握经商的技巧。儿童长到18岁时，除非从事神职工作，否则就一定要学会经商。因此，希伯来的早期教育把经商技能的训练视作培养孩子的一个最重要的方面。只有当一个孩子在经商这方面接受并掌握了基本的知识，他才会被认为是已经具备了必备的生活技能。

犹太人对商业独到的领悟，对财富坚持不懈的追求，使他们成为最值得自豪、最值得骄傲、最具权威的民族。尽管犹太民族在其5000多年的文明发展史中，曾历经数次浩劫，在两千多年的大流散过程中，虽几经屠戮和劫难，却素以“有钱人”闻名于世，成为当今世界上极少的几支意义重大的经济力量之一，是资本主义社会经济运行和商业发展的精神化身。而今犹太商人成为世界上公认的最富有的人，因为他们一生都在想方设法赚取利润，这是他们赖以生存的基础。众多犹太商业巨子的成功事业令世人翘首瞩目。

作为一个犹太人，除了自己理解并懂得金钱的价值之外，还有一个最为重要的义务就是把这些知识灌输给孩子们，让他们认识到如何获取和利用金钱。

培养孩子的财商

一个人的能力不是天生的，需要从小培养。（《塔木德》）

犹太人从小就注重财富的教育，尤其是对于投资的教育是世界闻名的：他们会给刚满周岁的小孩送股票，这成为他们民族的惯例。

小孩3岁的时候，他们的父母就开始教他们辨认硬币和纸币；4岁的时候学会由家长陪伴，用钱购买简单的用品；5岁的时候，让他们知道钱币可以购买任何他们想要的东西，并且告诉他们钱是怎样来的；6岁的时候，能数较大数目的钱，学用储钱工具，培养自己的金钱意识；7岁的时候能看懂价格的标签，以培养他们“钱能换物”理财观念；8岁的时候，知道他可以通过做额外的工作赚钱，知道把钱储存在银行的储蓄账户里；10岁时候，懂得每周节俭一点钱，以备大笔开支使用；11~12岁的时候知道从电视广告里发现事实，制定并执行两周以上的开销计划，懂得正确使用银行业务的术语。

一位犹太商人曾这样述说他如何对小孩灌输金钱教育，他说："我给约翰他们姐弟的零用钱不是固定的，是依他们做事的种类及多寡而定。例如我和他们约好，早晨起床后帮忙割院子里的草给 10 元，去买一份报纸给 2 元，帮忙弄早餐给 3 元等。我对他们不分年龄大小，一律采取同工同酬制度。"不少犹太家庭对子女的金钱教育，都是采用以上所说的方法。在他们看来，金钱并非铜臭，也不会玷污童稚之心。相反，让孩子早早接触金钱，对其财商的培养是不无裨益的。

犹太人还通常会给孩子这样的一种清单：

"吉米拖地 15 美分，收拾好自己的床铺 10 美分，清除花园的杂草 20 美分。"

"玛丽插花 10 美分，洗碗 10 美分，收拾房间 30 美分。"

而且平时不给孩子们零用钱，如果他们想要得到零钱就必须自己通过劳动去获得。在家里干的活越多，那么他们所获得的零用钱就会相应的越多。

从这一个简单的事例中很明显就可以看出犹太家长的用意，他们要孩子们知道天上不会掉下免费的馅饼，世间没有不劳而获的成功。只有勤劳的、不断争取的人才会获得自己所需要的财富！小孩子的思维就像一张空白的纸，你最先给他画上什么样的底色，不管以后上面画些什么具体的东西，他永远和最初的色彩有关联。同样小孩子最先接受到的教育也会影响他后来的生活。著名的石油大王洛克菲勒从小就接受了财富的教育。

洛克菲勒出生于一个典型的犹太家庭。他的父亲经常用犹太人的教育方式教育他的几个孩子。他的父亲从他四五岁的时候就让他帮助妈妈提水、拿咖啡杯，然后给他一些零花钱。他们还把各种劳动都标上了价格。他们再大点的时候，告诉他如果想花钱，就自己挣！

于是他到了父亲的农场帮父亲干活，帮父亲挤一头奶牛，跑运输，包括拿牛奶桶，都算好账。他把自己给父亲干的活都记录在自己的记账本上，到了一定的时候，就和父亲结算。每到这个时候，父子两个就对账本上的每一个工作任务开始讨价还价，他们经常会为一项细微的工作而争吵。

洛克菲勒 6 岁的时候，他看到有一只火鸡在不停地走动，也没有人来找。于是他捉住了那只火鸡，把它卖给了附近的邻居。他的母亲是一位虔诚的教徒，认为这样是亵渎了神灵，而他父亲认为他有做商人的独特本领，而对他大加赞赏。

有了这次的经商经历，洛克菲勒的胆子大了起来，不久他就把从父亲那里赚来的 50 美元贷给了附近的农民，他们说好利息和归还的日期之后，到了时间他就毫不含糊地收回 53.75 美元的本息。这令当地的农民觉得不可思议：这样的一个小孩居然有这么好的商业意识。

到了洛克菲勒成名之后，他也把这套办法交给他的子女。

在他的家里，他搞了一套完整的虚拟的市场经济。洛克菲勒让自己的妻子做“总经理”，而让自己的孩子们做家务，由自己的妻子根据每个孩子做家务的情况，给他们零花钱。他的整个家似乎就是一个公司。

这些都培养了犹太人最早的赚钱本领。要想拥有金钱，不但要学会赚钱，同时还要学会理财和节俭，学会“开源”和“节流”两套本领。

洛克菲勒还让他的孩子们学着记账，他要求他的孩子在每天睡觉的时候必须记下每一天的每一笔开销，无论是买小汽车还是买铅笔，都要如实地一一记录。而且洛克菲勒每天晚上都要查看孩子们的记录，无论孩子们买什么，他都要询问为什么要这些东西，让孩子们做一个合理的解释。如果孩子们的记录清楚、真实，而且解释得有理由，洛克菲勒觉得很满意，那他就会奖赏孩子们 5 美分。如果他觉得不好就警告他们，如果再这样就从下次的劳动报酬中扣除 5 美分。洛克菲勒的这种询问孩子的花销，但是绝对不干涉的政策，让孩子们很高兴，他们都争着把自己记录整齐的账本给他们的父亲看。

要想成为富有的人，最早的人生财富教育是不可缺少的。由于犹太民族自古就有经商的传统，具有了丰富的商业经验，这也是促使犹太人成为世界商人的重要原因之一。

第十一章

决策经营：君子爱财，取之有道

跟哈默一起冒险

无限风光在险峰，要获得高额的利润，就必须有勇气冒巨大的风险。

美籍犹太商人、世界石油大鳄哈默最大的一次成功在利比亚。20世纪60年代末，早已功成名就的哈默此时已年近花甲，却到利比亚把赌注押在两块油井租地上，投入巨资后滴油未见。他的计划被董事会中的绝大多数人称为“哈默的傻事”。顶着巨大的压力，哈默坚持把险冒到了底。无论是哈默本人，还是西方石油公司的35名股东及3万名职员，一提到此事，都会惊叹不已。对于一个像西方石油公司那样的一个大集团，从来没有碰到过类似利比亚的事情，这类事情也许是千年不遇的。

在意大利占领利比亚期间，独裁者墨索里尼为了寻找石油，在利比亚花了大概1000万美元，结果却一无所获。壳牌石油公司大约花了5000多万美元，但打出来的井都没有任何商业价值。埃索石油公司在花费了几百万收效不大的费用之后，在准备撤退的时候，却在最后一口井里打出油来。西方石油公司到达利比亚的时候，正值利比亚政府准备进行第二轮出让租借地的谈判，出租地区大部分都是原先一些大公司放弃了的利比亚租借地，其中包括若干孔“干井”的土地和许多块与产油区相邻的沙漠地。根据利比亚法律，石油公司应尽快开发他们的租借地，如开采不到石油，就必须把租借地还给利比亚政府一部分，共有来自 9 个国家的四十多家公司参加了这次投标。

尽管哈默和利比亚国王私人关系良好，充满了信心，但前途未卜。因为，他不仅没有这方面的经验，而且同那些石油巨头们相比竞争实力悬殊太大，真可谓小巫见大巫。但哈默深信决定成败的关键不仅仅取决于这些。

哈默的董事们都坐飞机赶了来，他们共在 4 块租借地中投了标。哈默的投标方式不同一般，投标书采用羊皮证件的形式，卷成一卷后用代表利比亚国旗颜色的黑、绿、红三色缎带扎束。在投标书的正文中，哈默还加了一条别家公司从未提及的：他愿意从尚未扣税的毛利中拿出 5% 来供利比亚发展农业用。此外，还允诺他的公司将在国王和王后的诞生地库夫拉附近的沙漠绿洲中寻找水源。另外，一旦中标，他们还将进行一项可行性研究，就是一旦在利比亚开采出水源，他们将出资同利比亚政府联合兴建一座制氨厂。

最终，哈默终于得到了两块租借地。让那些强大的对手大吃一惊的是：这两块租借地都是其他公司耗巨资后一无所获而放弃的。正如他们所想的那样，这两块租借地不久就成为哈默烦恼的源泉。他们钻出的前三口井都是滴油不见的干井，有 500 万美元打了水漂，包括打井费近 300 万美元，另外还有其他费用共 200 万美元。于是，董事会里开始有许多人把哈默这项雄心勃勃的计划叫作“哈默的傻事”，甚至连公司的第二大股东、哈默的知己——里德也失去了信心。

但是哈默凭着自己的直觉顽强地坚持下来。就在创业者和股东之间发生意见分歧的几周时间里，第一口油井出油了，随之而来的是，另外8口油井也出油了，而且是超乎寻常的高级原油。更为重要的是，这块油田位于苏伊士运河以西，运输非常方便，大大节约了保管费和运输费。与此同时，在另一块租借地上，工人们钻出了一口日产703万桶自动喷油的珊瑚油藏井，这是直到那时利比亚最大的一口井。紧接着，哈默又投资1.5亿美元修建了一条日输油量在100万桶的输油管道，而当时西方石油公司的资产净值只有区区4800万美元，不到最近一次投资的1/3，足见哈默的魄力与胆识。随着实力的增长，哈默又大胆地吞并了好几家大公司。这样，西方石油公司一跃而成为世界石油行业的第八个巨头。哈默一系列事业的成功，完全归功于他的魄力和胆识，他不愧为一个犹太大冒险家。

成功的犹太人往往都像哈默一样，具有大胆的创新精神。他们重视传统却不拘泥于传统，而是审时度势，敢于打破最正统的和因循守旧的宗教束缚，以开放的心态对待一切新事物。他们所具有的冒险传统和实业精神，引导他们进入一片独创性的、边缘性的和全新的生存领域。漂泊不居的生活迫使犹太人不断冒险，久而久之，冒险就成为犹太人的习惯。犹太儿童无论是学习《圣经》的教诲，还是经商的技巧，拉比都会让他们勇于尝试、敢于冒险。

与风险“亲密接触”

当机会来临时，不敢冒险的人永远是平庸之辈。（《塔木德》）

要想做成任何一件事都有成功和失败两种可能。当失败的可能性大时，却偏要去做，那自然就成了冒险。问题是，许多事很难分清成败可能性的大小，那么这时候也是冒险。而商战的法则是冒险越大，赚钱越多。当机会来临时，不敢冒险的人，永远是平庸之人。而犹太商人大多具有乐观的风险意识，并常能发大财。

犹太人相信“风险越大，回报越大”，“财富是风险的尾巴”，跟着风险走，随着风险摸，就会发现财富。

确实，犹太商人长期以来不仅是在做生意，而且也是在“管理风险”，就是他的生存本身也需要有很强的“风险管理”意识。所以在每次“山雨欲来风满楼”时，他们都能准确把握“山雨”的来势和大小。这种事关生存的大技巧一旦形成，用到生意场上去就游刃有余了。有不少时候，犹太商人正是靠准确地把握这种“风险”之机而得以发迹。

公元1600年前后，摩根家族的祖先从英国迁移到美洲来，到约瑟夫·摩根的时候，他卖掉了在马萨诸塞州的农场，到哈特福定居下来。

约瑟夫最初以经营一家小咖啡店为生，同时还卖些旅行用的篮子。这样苦心经营了一些时日，逐渐赚了些钱，就盖了一座很气派的大旅馆，还买了运河的股票，成为汽船业和地方铁路的股东。

1835年，约瑟夫投资参加了一家叫作“伊特纳火灾”的小型保险公司。所谓投资，也不要现金，出资者的信用就是一种资本，只要在股东名册上签上姓名即可。投资者在期票上署名后，就能收取投保者交纳的手续费。只要不发生火灾，这无本生意就稳赚不赔。

然而不久，纽约发生了一场大火灾。投资者聚集在约瑟夫的旅馆里，一个个面色苍白，急得像热锅上的蚂蚁。很显然，不少投资者没有经历过这样的事件。他们惊慌失措，愿意自动放弃自己的股份。

约瑟夫便把他们的股份统统买下。他说："为了付清保险费用。我愿意把这旅馆卖了，不过得有个条件，以后必须大幅度提高手续费。"

这真是一场赌博，成败与否，全在此一举。

另有一位朋友也想和约瑟夫一起冒这个险。于是，两人凑了10万美元，派代理人去纽约处理赔偿事项，结果，代理人从纽约回来的时候带回了大笔的现款。这些现款是新投保的客户，出了比原先高一倍的手续费。与此同时，"信用可靠的伊特纳火灾保险"已经在纽约名声大振。这次火灾后，约瑟夫净赚了15万美元。

这个事例告诉我们，能够把握住关键时刻，通常可以把危机转化为赚大钱的机会。冒险是上帝对勇士的最高嘉奖。不敢冒险的人就没有福气接受上帝恩赐给人的财富。

犹太人是天生的冒险家。

犹太大亨们个个都经历过各种各样的风险，他们在风险的惊涛骇浪中自由地活动，做了一场又一场风险的游戏。

任何一个企业要想做大，所面临的风险是长期的、巨大的和复杂的。企业由小到大的过程，是斗智斗勇的过程，是风险与机会共存的过程，随时都有可能触礁沉船。在企业的发展过程中常常会遇到许多的困难和风险，如财务风险、人事风险、决策风险、政策风险、创新风险等。要想成功，就要有“与风险亲密接触”的勇气。不冒风险，则与成功永远无缘。

风险总是与机遇、利益相伴，如影随形。如果一个商人整天只是想着要发财，要成功，要赚大钱，但是往往却因为怕担风险，对未来心存胆怯而裹足不前，那么他就很可能与成功失之交臂，只有事后叹息、后悔的份了。

一位很成功的企业家邱德根曾经这样说过：“我不信命运，我从风浪中拼出来，建立了自己的事业，即使到最后一刻也不会放弃，我的许多生意都是在风险中度过的。”

其实很多事在未真正完成之前，都是具有风险性的，常常会有一波未平一波又起的时候，也常常会有看似平静，但内部暗藏危机的时候。商业场上更是如此。但是一旦你勇于去开始，敢于去克服那些困难，那么在最后你将会有意想不到的收获。在那些看似难以捉摸的风险背后，往往隐藏着巨大财富！

和气生财

坑蒙顾客就是播种仇恨，微笑带来的则是滚滚财源。

待每一个人都满面春风。（《塔木德》）

不要认为做个成功的商人就应该是严肃的、冷酷的、不苟言笑的。其实不然，作为一个成功的商人还要“微笑”，微笑着面对生活、面对战场、面对你的敌人！笑也是一种走向成功的武器。

世界上以经商著名的犹太人对这一点就深有体会。犹太商人之所以成功，“笑”的作用可谓是功不可没。

与犹太商人打交道，你会发现，与他们的谈判通常都是以微笑开始的。

谈判那天，犹太人会十分准时地到达谈判地点，绝不让你等候，哪怕是一分钟。双方见面后，犹太人非常地谦卑，客气地向你问候。特别是他们一直保持着微笑与你交流，那甜蜜的笑容让你觉得整个世界都是美好的。然而一旦进入谈判，他们会把谈判的条件提得很高，距离双方的协议差距很远，而且为了合同上一个细小的地方会和你讨价还价。双方于是开始不停地争论，最后变成激烈的争吵。第一天谈判，双方不欢而散。

但是，第二天，犹太人又会和你约定谈判的时间和地点，他们说话的神情十分地热情和真诚，态度是那样的温和与客气，仿佛昨天的种种不愉快没有发生过一样。犹太人的态度变化如此之快，简直让人觉得不可思议，询问犹太人态度发生如此大幅度变化的原因，犹太人哈哈一笑："人的细胞代谢得很快，昨天吵架的细胞已经被今天的温和细胞代替，所以今天没有必要再记恨嘛！"

犹太文化强调人与人之间要有健康而友善的关系。犹太历史上最著名的拉比之一希拉尔，他曾对犹太文化的精髓做过界定，他有名的主张是"己所不欲，勿施于人"。希拉尔出身贫寒，他靠自己的勤奋掌握了渊博的知识，成为犹太教首席拉比，他是犹太教徒最尊重的人，他的言论一直被人们广泛引用。据说，后来耶稣基督向其信徒训诲的言论，有许多是希拉尔的要言。可见，他的思想对犹太人影响颇深。

犹太教典籍《塔木德》对犹太伦理讲得更具体了。该书讲述了一个事例：

一次，有位拉比要召集 6 个人开会商量一件事，邀请他们第二天来。可是，到了第二天却来了 7 个人，其中肯定有一个人是不邀自来的。但是拉比又不知道这第 7 个人究竟是哪一位。于是，拉比只好对大家说："如果有不请而来的人，请赶快回去吧！"

结果，7 个人中最有名望、大家都知道一定会受到邀请的那人却站了起来，然后快步走了出去。

大家都很明白，这位有名望并已被邀请的人为他人背了黑锅。但这个人也明白，这 7 个人中必定有一个人未受邀请，而这个人既已到这里了，却要他承认不够资格而退回去，是件令人难堪之事。因此，这位有资格的人挺身而出，宁愿自己名义上受点影响，保护那个不请自来的人的自尊心，让他混迹其中。

那位有名望的人用心良苦，他能设身处地为他人着想并采取巧妙的行动，正体现了"己所不欲，勿施于人"那种仁慈道德。

但是，《塔木德》编选这个故事除了褒扬那种帮助别人的精神外，更深一层的意思是，这个有名望的人的举动表面上看来令他"背黑锅"，但实际上这个举动使他的声望更高了。《塔木德》编选这个故事，意在讲明帮助别人、注重和气是人人得益的道理。

作为公司的老板。对待自己的属下，也要讲究以"和"为贵：

卡耐基的侄女约瑟芬曾经担任过他的秘书。年仅 19 岁的她由于没有办事经验，经常在工作中出错。这个时候，卡耐基并不是对她采取言语上的取笑或是讽刺，对其严厉地批评，而是采用一种温和得体的方式，让她改正错误，并在以后不要再犯。

一天，约瑟芬再次犯了错误，卡耐基正想开始批评她，但马上又对自己说："等一等，戴尔·卡耐基。你的年纪比约瑟芬大了一倍，你的生活经验几乎是她的一万倍。你怎么可能希望她有与你一样的观点，你的判断力，你的冲劲？虽然这些都是很平凡的。但是，你

19 岁时又在干什么呢？还记得你那些愚蠢的错误和举动吗？”

于是，在面对约瑟芬时，他这样说道：“约瑟芬，你犯了一个错误，但上帝知道，我所犯的许多错误比你更糟糕。你当然不能天生就万事精通。成功只有从经验中才能获得，而且你比我年轻时强多了。我自己曾做过那么多的愚蠢傻事，所以根本不想批评你或任何人。但难道你不认为，如果你这样做的话，不是比较聪明一点吗？”

初时，约瑟芬办事经验几乎等于零。但是不久后她已是西半球最完美的秘书之一。其中的变化之大真是让人觉得不可思议。

可见对于员工，一定要以“和”为主。这种做法是在对方做错事后给予正确的心理安慰，它的作用是深远的、持久的！

提倡对顾客微笑服务的希尔顿深谙“和气生财”的道理，来看看他是怎样做到这一点的。

希尔顿是一个有名的旅馆业商人。当他的事业进入轨道，并赚到相当多的利润时，他自豪地去告诉母亲。母亲却不以为然而且还提出了新的要求：“你现在与以前根本没有什么两样。事实上你必须把握住比几千万美元更值钱的东西。除了对顾客诚实之外，还要想法使来希尔顿旅馆的人住过了还想再住，你要想出这样一种简单、容易、不花本钱而又行之久远的办法来吸引顾客。这样你的旅馆才有前途。”

“简单、容易、不花本钱而又行之久远”，具备这四个条件的究竟是什么办法呢？希尔顿为此而冥思苦想了好久，仍然不得其解。

就在他逛商店，串旅店，以顾客的角度去感受时，他终于如梦初醒——微笑，一个简单、容易、不花本钱而行之久远的服务方式。

他对服务员常常说的一句话就是：“今天，你对顾客微笑了吗？”

他要求每个员工不论如何辛苦，都不能将自己心里的愁云挂在脸上。就这样，在经济大萧条中，无论旅馆本身遭受到什么样的困难，希尔顿旅馆服务员脸上的微笑始终如一，永远是旅客的阳光。

结果，经济萧条刚过，希尔顿旅馆就率先进入新的繁荣时期，跨进了黄金时代。

微笑是希尔顿成功的秘诀，他曾经说过："如果我的旅馆只有一流的设备，而没有一流服务员的微笑的话，那就像一家永不见温暖阳光的旅馆，又有何情趣可言呢？"

犹太人在其民族文化的影响下，再加上其长久的流离失所的状况，普遍形成一种"谦和"的耐性。犹太商人就善于利用自己的这一耐性，在经商的一切活动过程中充分发挥"和气"的作用。这种和气的仪表，在人际交往之间确有融合剂的作用，它很容易把对方吸引住。在商务活动中，实践证明它是一种促销手段。为什么这样说呢？因为人是群体动物，人与人之间能否和睦相处，对事业影响很大。企业家制造出来的商品或服务，因得人喜爱而赚钱发财；政治家开展政治工作，因得人而昌；歌唱家演唱得到观众赞赏，因得乐队的伴奏和观众的捧场而被接受……一切离不开人。犹太人领会这一道理，把人与人的关系处理好，成为他们事业成功和发财致富的一种技巧。

"无中生有"法则

任何东西到了商人手里都会变成商品。（《塔木德》）

日本有个富翁名叫中山洋介。开始时，中山洋介手中既无资金，也无技术。当他跟别人说起准备经商时，大家都不相信。可他不但成为一个很成功的商人，而且经营的还是资本量很大的房地产。

经营房地产，利润很大，但是风险也很大，要有一大笔的资本做后盾，对于一般人而言，恐怕只能看别人赚钱了。但中山有白手起家的妙计。

中山洋介经过考察发现，在日本有不少人想开工厂，但资金连土地都买不起，更谈不上建筑厂房了。与此相反，许多土地却还在闲置着。如果不用购买土地就可以建厂生产，肯定能受到创业者的欢迎。有了这样一个构思，中山洋介立即行动起来。他首先打听那些闲置的土地。这些土地往往地理位置偏僻，多是卖不出去的土地。他同这些土地所有者商谈，提出改造利用土地的计划。土地所有者正为这些土地没有买主着急，现在有一个开发的方法，真是雪中送炭。他们纷纷愿意出让土地，有的甚至还拿出一定的资金作为股份。

土地的问题解决后，中山洋介创建洋介土地开发公司，组织人员上门推销土地。这些工厂主正为没有资金兴建工厂着急，现在看到可以不用巨额资金，又有土地可以出租，当然十分高兴，上门和中山签约的厂主络绎不绝。

中山的做法是，从租用厂房者手上收取租金后，扣除代办费用和厂房分摊偿还金，所剩的钱归土地所有者。厂房租金和土地租金之间的差额，除去修建厂房的费用，就是中山洋介的盈利。

企业主、土地所有者、中山洋介三方达成协议后，中山洋介就向银行贷款建筑厂房，然后按分期还款的方式归还银行的费用。

中山洋介实际上只是起到了一个中介的作用，将土地所有者和工厂主联系起来。一开始，这一创意就很吸引人，那些偏僻的土地有了用处，而工厂主可以减去积累资金的时间。中山洋介第一年仅手续费用就收入了20亿日元，有了这笔钱后，就不用再向银行贷款了。

就这样，中山洋介从营造小厂房到建筑大厂房，再到营建大规模的工业区，他的公司像滚雪球似的越滚越大，公司的经营也不再只限于租用土地。白手起家的中山洋介，终于成为日本数一数二的大企业家。

一个成功的中介者，就是一个成功的商人。他能够把看似毫不相关的事情联系起来，从中获利。

图德拉原是委内瑞拉的一位工程师。他从一位朋友处打听到阿根廷需要购买2千万美元的丁烷，并且又知道阿根廷的牛肉过剩。

图德拉灵机一动，他飞到西班牙，那里的造船厂正为没有订货发愁。他告诉西班牙人："如果你们向我买2千万美元的牛肉，我就在你们的造船厂定购一艘造价2千万美元的超级油轮。"西班牙人愉快地接受了他的建议。这样，他就把阿根廷的牛肉转手卖给了西班牙。

此后，图德拉又找到一家石油公司，以购买对方2千万美元的丁烷为交换条件，让石油公司租用他在西班牙建造的超级油轮。结果，图德拉不费一分钱做成了这笔生意。

在二十世纪五六十年代，精明的日本人发现在一些缺水的阿拉伯国家水比油还宝贵，于是他们就在水上大做文章。他们找到一种比出口淡化海水更简单、更省钱的方法出口雨水。从多雨的日本海接来雨水，用轮船运到阿拉伯国家。日本专家还研究出了一种清洗轮船内石油废渣的方法，利用油轮运载雨水，往返不空驶。大量出口雨水给日本带来了一本万利的经济效益。

还有一个例子：

1953 年，历时 3 年的朝鲜战争结束了，用来筑工事的沙袋大批量地闲置起来，并且占满了仓库。而当初经营沙袋的公司大多是临时租用仓库。停战说明沙袋已经成了废物，而占用仓库，租金却得按日交付。这可急坏了这些沙袋经营商。

藤田先生瞅准了这个机会，觉得从中发一笔财是很有可能的。

于是，找到了那些沙袋经营者商谈生意。他摆出一副帮他们排忧解难的样子，说可以免费帮他们把沙袋弄走。有这样的好心人，这些沙袋经营者们当然高兴不已。

“一袋 5 日元或 10 日元都可以。”

藤田最后以 5 日元一袋的价码买了 20 万袋。

货到手后，藤田因为会说英语，便拜会了一个国家的驻日大使。这个国家当时正在闹内乱。藤田想着他们肯定需要武器和沙袋。

不出所料，该国驻日大使亲自查看样品，20 万只沙袋很快便以 10 日元的标准价格卖掉了。

从看似无用的废物中发现商机，日本人藤田的成功与犹太人麦考尔如出一辙。

1984 年圣诞节前，尽管美国不少城市朔风刺骨，寒气逼人，但玩具店门前却通宵达旦地排起了长龙。这时，人们耐心等待领养一个身长 40 多厘米的“椰菜娃娃”。

“领养”娃娃怎么会到玩具店呢？

原来，“椰菜娃娃”是一种独具风貌、富有魅力的玩具，它是美国奥尔康公司总经理罗拔士创造的。

通过市场调查，罗拔士了解到，欧美玩具市场的需求正由“电子型”、“益智型”转向“温情型”。他当机立断，设计出了别具一格的“椰菜娃娃”玩具。

以先进电脑技术设计出来的“椰菜娃娃”千人千面，有着不同的发型、发色、容貌，不同的鞋袜、服装、饰物，这就满足了人们对个性化商品的要求。

另外，“椰菜娃娃”的成功，还有其深刻的社会背景。离婚使得不到子女抚养权的一方失却感情的寄托。而“椰菜娃娃”正好填补了这个感情空白，这使“它”不仅受到儿童们的欢迎，而且也在成年妇女中畅销。

罗拔士抓住了人们的心理需要大做文章。他别出心裁地把销售玩具变成了“领养娃娃”，把“它”变成了人们心目中有生命的婴儿。

奥尔康公司每生产一个娃娃，都要在娃娃身上附有出生证、姓名、手印、脚印、臀部还盖有“接生人员”的印章。顾客领养时，要庄严地签署“领养证”，以确立“养子与养父母”关系。

罗拔士又做出了创造性决定：“配套成龙”——销售与“椰菜娃娃”有关的商品，包括娃娃用的床单、尿布、推车、背包以至各种玩具。

领养“椰菜娃娃”的顾客既然把它当作真正的婴孩与感情的寄托，当然把购买娃娃用品看成是必不可少的事情。

这样，奥尔康公司的销售额开始大幅度增长。

如今，“椰菜娃娃”的销售地区已扩大到英国、日本等国家。罗拔士正考虑试制不同肤色及特征的“椰菜娃娃”，让她走遍世界各国，保持奥尔康公司在玩具市场上首屈一指的地位。

奥尔康公司充分发挥自己的想象力，虚构了惹人喜爱的“椰菜娃娃”。当“椰菜娃娃”成了摇钱树时，它又引发了一系列相关产品的诞生。“无中生有”原则使得奥尔康公司受益无穷。

变则通，通则赢

活用一切有利条件，充分发挥自己的潜能。（《塔木德》）

以色列的住房很紧张，几个德裔犹太商人只好将一个报废的火车车厢用作临时住所。有一天晚上，那几个犹太商人穿着睡衣，在寒风中颤抖不已地来回推动车厢。一个本地犹太人不解地问：“你们到底在干什么？”“因为有人要上厕所，”推车人耐心地说明，“车厢里写着：停车时禁止使用厕所。所以，我们才不停地推动车厢。”

这个笑语从另一个角度，可以看出犹太商人的变通能力：从形式上遵守规定，同时又不真正改变自己原有的活动方式。这几个寄居在火车车厢之中的犹太人，就像犹太人长期寄居在其他民族的社会中一样。这条规定是铁路部门制定的，这几个犹太人没有立法的权利，自然也没有废除某项法律的权利。说实在的，犹太人在各自的所在国中，经常也要面临这类原该自然废弃但偏偏还实际起着“作用”的法律或约定俗成的规矩，因此规定不能废除，用厕所又在情理之中，聪明的犹太商人就想出了让列车“动起来”的点子。

犹太人就是善于活用一切。他们由于历史的原因，所处的环境和条件千差万别，但不管在欧洲、美洲或者在亚洲乃至非洲，不管从事商业、科学技术事业或是文化艺术乃至农业，都涌现出大批事业有成的佼佼者。究其原因，其中很重要的一条就是他们能适应环境，活用一切有利条件，充分发挥自己的潜能。

犹太人认为，人生的过程中离不开自己所处的客观环境，也离不开自身的主观条件。改变整个客观环境，是整个社会的事，作为个人或企业只能适应客观环境。至于主观条件，有些是可以改变，有些则不能改变的，这得靠自身的努力和善于活用主观条件了。

每个人都有一些无法改变的条件，比如眼睛的颜色、身材的高低、出身背景，等等。每个人也有一些可改变的条件，如文化水平、工作能力、身体的强弱，等等，只要自己奋发学习，注意方法，适当地锻炼保养，是可以提高文化水平、增强工作能力、强健身体的。有些人的通病在于漠视本身的条件，没有灵活运用和充分发挥自有的潜能，却祈求或奢望自己所没有的东西，那是难以事业有成的。

好莱坞世界最大制片中心老板高德温是位在波兰出生的犹太人，他传奇的一生是充分活用一切有利条件的一生。他 1882 年出生于华沙，11 岁丧父，家庭生活十分困难。为了生活，流浪到英国伦敦，曾在铁匠店当童工，他不怕苦和累，练就了强健的体魄。他没有进学校的机会，就利用业余自学文化。他到美国生活后，从打工到自己经营手套工厂，最后发展成为好莱坞制片中心的老板，富甲一方。高德温的发展过程可以说是众多犹太人的生活缩影。

犹太人坚信，在这个世界上，只要你有意搜索，可以活用的条件到处潜在。他们还认为，人生的机会，大量存在于自己的周围和本身所潜在的条件中，关键在于你是否练就出了开发这些条件的意志和眼光。

19 世纪中叶，发现金矿的消息从美国加州传来。17 岁的犹太人亚默尔也成为庞大的淘金队伍中的一员，他历尽千辛万苦，赶到加州。

淘金梦的确很美，做这种梦的人比比皆是，而且还有越来越多的人纷至沓来，一时间加州遍地都是淘金者，而金子变得越来越难淘。

不但金子难淘，生活也越来越艰苦。当地气候干燥，水源奇缺，许多不幸的淘金者丧身此处。小亚默尔经过一段时间的努力，和大多数人一样，不但没有发现黄金，反而被饥渴折磨得半死。

一天，望着水袋中一点点舍不得喝的水，听着周围人对缺水的抱怨，亚默尔忽发奇想：淘金的希望太渺茫了，还不如卖水呢。于是亚默尔毅然放弃金矿的努力，将手中挖金矿的工具变成挖水渠的工具，从远方将河水引入水池，用细沙过滤，成为清凉可口的饮用水。然后将水装进桶里，挑到山谷一壶一壶地卖给找金矿的人。当时有人嘲笑亚默尔，说他胸无大志："千辛万苦地到加州来，不挖金子发大财，却干起这种蝇头小利的小买卖，这种生意哪儿不能干，何必跑到这里来？"

亚默尔毫不在意，不为所动，继续卖他的水。结果，淘金者都空手而归，而亚默尔却在很短的时间靠卖水赚到几千美元，这在当时是一笔非常可观的财富了。

还有这样一个成功案例：美国有家名叫"富顿兴产公司"，是专门生产经营机械设备的，随着市场竞争日益加剧，其生意日见惨淡。董事长乔治富顿是出生和成长在美国的，他长期受到美国文化和思维方式的影响，当公司经营上出现困难时，他开始思考和观察怎么使企业走出困境。

一天，乔治富顿发现纽约市街道旁有一堆堆的垃圾。他想，垃圾是城市必有的产物，天天不断产生，它作为废物给城市管理带来环境污染和清除的经济负担，等等。他想，可不可以在垃圾上做些文章呢？如果我能够利用垃圾来制造一些有用的东西，它既不用原料成本，取之不尽，又可为城市解决污染的公害问题，我自己也可使企业振兴发财……

乔治富顿马上组织人员一起致力研究垃圾的开发。经过一番试验和市场调查研究后，觉得把垃圾碾碎，压成建筑材料最有可行性。因为当时是20世纪初期，美国正是经济大发展时期，建筑业兴旺发达。同时，自己的公司是生产机械设备的，研制一种压缩机是轻而易举之事。据此研究和分析，乔治富顿立即让自己公司转产压碎机和垃圾建筑材料。果然不出所料，生意十分火旺。加上成本低，公司利润就十分可观，这不但使富顿兴产公司起死回生，而且乔治富顿本人也发了大财。

以上这些成功人士的一个共同特点就是深谙变通之道。此路不通时，转向其他方向寻求机会，充分活用一切有利条件，最终使自己峰回路转，柳暗花明，抵达成功的彼岸。

用脑袋去赚钱

不去自己思考和判断，就是把自己的脑袋交给别人帮你看管。（《塔木德》）

西方有句名言说："从人们思想中挖出来的金矿，超过从地下开采出来的黄金。"

财富是靠脑袋的，犹太人说，你的价值是脑袋，而不是手。他们就是依靠脑袋发财的，而其他民族的人则是靠手。犹太人在经商的时候显得很轻松，他们其实都是在思考问题。

"钞票有的是，遗憾的是你的口袋大小了。如果你的思维足够开阔，那你的钱包就会随之增大了。"犹太人如是说。

犹太人的生意是极为精明的，他们用自己聪明的头脑构筑了一个个绝妙的想法而赚了钱。

这就是犹太人的商业原则：作为商人，他的任务就是想办法制定好一套完整的合理的商业计划，剩下的事情就让别人去摆弄，自己等着赚钱就可以了。

《塔木德》里有这样一个故事：

有位国王拥有一大片葡萄园，雇了许多工人来照管，其中有一位工人能力特别的强，技艺超群。于是国王让他来管理这片园子。

有一天，这位国王来到葡萄园散步，就让他陪同。这天工作完后，工人们排起长队领取工资，几乎所有人的工资都相同，但是当这位看管园子的人领取工资的时候，却遭到了大家的抗议和议论。他们认为这位工人只干了两个小时的活，其他的时间都在陪国王到处闲逛，所以不能领取与别人等同的工资。

这时，国王说话了："我派他来是因为他熟悉你们的工作，是来看管你们的。今天他虽然只干了两个小时的活，但是他走的时候，你们仍然按他给你们的规定完成了任务，他的两个小时就干完了你们一天才完成的工作量，所以他的工资和以前一样。"

工作成就不能以工作时间来计算，也不是按他干了多少活来计算，而是应该以他实际工作所获得的有效劳动成果的多少来计算。

犹太人在他们历史的早期就已经这样做了。在1910年，大量犹太人进入北美。开始的时候，他们和一起移民来的英国人、西班牙人、葡萄牙人一样，都是从事最简单的体力劳动。他们每10个人里有8个是体力工人，但是不久他们就都不干了。因为，对于犹太人来说，开始他们从事这些出卖体力的职业是由于遭受歧视、缺乏机会才不得不这么做。当他们有了基本的生存保证，就不再这样做了。这些工作报酬低微，但是付出的辛苦又很多，工作还很不稳定，尤其是这些工作会降低人的身份，这完全不符合犹太人的追求。

于是，他们依靠自己良好的教育背景纷纷去找那些体面、薪水报酬高、有油水可捞的工作。过了几十年，他们中有不少人成了百万富翁。著名的罗思柴尔德家族就是从这个时候开始闻名的。到了后来，每 10 个犹太人里就只有 1 个是蓝领工人了，其他的人都变成有产阶级了。在人们的眼睛里，每一个犹太人都成了重要的人物。而那些其他民族的人还是不得不继续卖力地挥动他们的锄头，汗流浃背地工作，以求每日的餐饭。

这就是两种不同的观念造成的不同命运：前者依靠自己的智慧变得富有，后者则依旧靠出卖体力来生活，他们的一生也不得不继续他们的被奴役的生活。

可以看出，财富绝对是靠智慧的大脑得来的，那种传统的依靠体力来劳作是不会得到大财富的。即使是传说中的那些大力士在今天也顶多是维持自己的生计罢了。在今天越来越重视知识的年代，富有智慧的人们注定是这个世界的主宰者。

犹太人对于赚钱，自有主见。他们认为，赚钱有三种方式，一是靠身体，二是靠体力，三是靠脑袋。出卖自己是最可悲也是最下等的赚钱方式，而靠出卖自己的体力赚钱则是其次，最上层的赚钱方式就是靠脑袋。犹太人向来就是靠脑袋致富，世界上有很多犹太人在各国过得逍遥自在，但是他们能在休闲中赚取自己想要的东西。这就是说犹太人赚钱是靠脑袋而不是靠身体或体力。

10 年前，一个 24 岁的青年巴鲁克，以普普通通的出身，凭着自己准确的判断和锲而不舍的努力，用借来的 5 万美元 10 年间滚出了亿元身价，铸造了以色列第一财软的宏伟事业。当时电脑行业正在时兴，随着大量国外品牌电脑的进入，国外大公司开发的各种软件也开始长驱直入，计算机行业再次面临着机会的诱惑，不少人认为国外的计算机无论硬件还是软件均远远超过本国，与其苦苦开发民族软件，不如直接销售推广国外的硬件和软件，这样风险小，来钱快。

巴鲁克仍然潜心致力于民族财务软件的开发、销售。他似乎并不在乎国外同行的竞争。在他看来，软件应用离不开技术和服务的本地化支持。国外许多公司可以将软件加以调整推向市场，但其母版是国外的，不可能完全符合国家企业的要求。致力于民族软件业的企业其优势就在这里，不仅完全做到了应用、服务的本地化支持网络，而且从软件设计上一开始就充分考虑到了以色列企业的现状。

巴鲁克也正是凭借这一优势，2000年，他击败国外著名公司，以不菲的价格拿下了仅软件服务就达1000万美元的大洋公司财务软件合作项目，巴鲁克的判断力再一次得了高分。

正因为如此，有犹太格言："只要能够正确使用，你的头脑就是你最有用的资产。"

亿万富翁亨利·福特说："思考是世上最艰苦的工作，所以很少有人愿意从事它。"

被犹太人视为致富导师的拿破仑·希尔在演讲中曾经反复强调"思考致富"。为什么是"思考"致富，而不是"努力工作"致富？最成功的人士强调，最努力工作的人最终绝不会富有。如果你想变富，你需要"思考"，独立思考而不是盲从他人。富人最大的一项资产就是他们的思考方式与别人不同。如果你做别人做的事，你最终只会拥有别人拥有的东西。

乔治·哈姆雷特曾在伊斯诺州的退伍军人医院疗养，他的时间很多，但是除了读书和思考之外，能做的事情并不多。但他懂得思考的价值。

乔治知道很多洗衣店在烫好的衬衣领加上一张硬纸板，防止变形。他写了几封信向厂商咨询，得知这种硬纸板的价格是每千张 4 美金。他的构想是，在硬纸板上加印广告，再以每千张美金 1 元的低价卖给洗衣店，赚取广告的利润。

乔治出院后，立刻着手进行，并持续每天研究、思考、规划的习惯。

广告推出后，乔治发现客户取回干净的衬衫后，衣领的纸板丢弃不用。

他问自己："如何让客户保留这些纸板和上面的广告？"答案闪过他的脑际。

他在纸卡的正面印上彩色或黑白的广告，背面则加进一些新的东西——孩子的着色游戏、主妇的美味食谱或全家一起玩的游戏。有一位丈夫抱怨洗衣店的费用激增，他发现妻子竟然为了搜集乔治的食谱，把可以再穿一天的衬衫送去洗！

乔治并未以此自满。他要让自己的事业更上一层楼。他把每千张美金 1 元的纸板寄给美国洗衣工会，工会便推荐所有的会员采用他的纸板。因此，乔治有了另外一项重要的发现，用自己的脑袋思考致富你会得到源源不断的财富。

缜密的思考和规划为乔治带来了可观的财富。

人无信则不立

鱼离开水就会死亡，人没有礼仪便无法生存，而不讲诚信则会受到炼狱的惩罚。（《塔木德》）

经商的时候一定讲究诚信，决不用那种欺骗的手段来获取财富。

因此，犹太人从来不做那种“一锤子买卖”的事情，更不屑于做“只要每个人上当一次，我就发财了”的生意。他们厌恶那种流寇式的作战方法和短期策略。他们看重的是长期的合作，注重信誉，拥有很好的商业口碑，而且他们的商品绝少有假冒伪劣的。

诚信意味着平等的交易、公平的竞争。《塔木德》中是这样说的：“你们不可行不义，要用公道天平、公道砝码、公道升斗、公道秤。”

然后他们把这种交易情况作了细致的规定：

不可有一大一小两样的砝码和量器。

批发商每个月清洗一次量器，小生产商一年清洗一次。

小生产商要经常清洗砝码，以其不发粘为度。

店主每周要清洗一次量器。每天清洗一次砝码，每称完一样东西都擦拭一次天平。

《塔木德》这样告诫犹太人：“你们不可偷盗；不可欺骗：不可抢夺他人的财物；不可向着我起假誓，亵渎我的名。”

商业就是提供一种服务。只有诚实对待，取得别人的信任，自己才可以获得利润。

诚实为经商的第一要务，这是犹太人的经商法则。他们对于善于欺骗的人的态度非常激烈，并认为他们是不可饶恕的。犹太人认为不贪图小便宜，不偷税漏税，做一贯诚实的人是很好的。

犹太先知说，世界末日早晚是要到来的。当末日到来的时候所有人都要接受大审判。如果谁在这个世界上做了好事，他死后灵魂就会进入天堂；如果谁在生前作恶多端，那他死后，灵魂就会被打入地狱，接受炼狱之苦。世界末日来临时的大审判判断孰好孰坏要问5个问题，这5个问题是：

你在做生意的时候诚实吗？

你腾出时间学习了吗？

你尽力工作了吗？

你渴望得到神的救赎吗？

你参与过智慧的争论吗？

可以看到，犹太人把做生意是否诚实、遵守信誉放在第一条，把做生意的诚实摆在学习、工作、信仰和智慧之前，可见犹太先知对诚信经商的重视程度。

尽管各民族皆有“经商应童叟无欺”的说法，但只有犹太民族是最严格执行这种正直交易的民族。《塔木德》记载了许多关于诚实经商的实例，培养了犹太人诚实的商业原则。“唯有诚实正直的经商之道才是生存处世的最高法则。”

在犹太商人作为“世界第一商人”的商旅生涯中，犹太民族与其他民族打交道最多。作为一个弱小的民族，在 2000 多年的流浪中，没有被其他民族同化或湮灭，并且还能不断大把大把地赚钱，其中一个重要的原因就在于他们诚信经商、坦诚为人、尊重他人、彼此宽容的道德操守。因为严于律己，重信守约，犹太人才赢得了“世界第一商人”的口碑；而诚信经商，更使得犹太商人得到了世人的信任和尊敬，这在商业社会无疑是一笔最重要、最宝贵的无形资产。

在犹太人看来，诚实是支撑世界的三大支柱之一，另外两个是和平与公正。

犹太人认为诚信经商是商人最大的善，所以在犹太人的生意场上最为看重诚信。对于不诚信的人，他们是无法原谅的。在犹太人的内部，他们之间极为重视诚信，极为重视契约，一旦签订了就必须遵守，绝对不可以有任何理由不履行契约。

下面这个真实的例子也说明了诚信的重要性：

“棕色浆果烤炉”公司是美国一家知名的面包公司。公司的经营原则很简单，只有四个字：诚实无欺。公司标榜凡出卖的面包都是最新鲜的，硬性规定绝不卖超过三天的面包，已过期的面包由公司回收。

有一年秋天。公司所在州的部分地区发大水，导致那里的面包畅销，但公司照样按规定把超过三天的面包收回来，哪知车行至半路，抢购的人一拥而上。把车子团团围住，一定要买过期面包。但押车的运货员怎么也不肯卖。他哭丧着脸解释：“不是我不卖，实在是老板规定得太严了。如果有人明知面包过期还卖给顾客就一律开除。”大家以为运货员耍花招，就跟他激烈地争吵起来。

最后，一位在场的记者向运货员恳求：“现在是非常时期，总不能让人们看着满车的面包忍饥挨饿吧！”运货员听之有理，凑到记者耳边悄悄地说：“我是说什么也不卖的，但如果你们强买，我就没有责任了。你们把面包拿走，凭良心丢下几个线，反正公司是不会可惜一车过期面包的。”这么一说，一车面包很快被强行买光了。运货员趁机特意让记者拍了一个他阻止大家强拿面包的场面，以证明这不是他的责任。

这个故事，后来经新闻记者在报上大肆渲染，“烤炉”的面包给消费者留下了深刻的印象，顿时，公司声名鹊起。

“烤炉”公司以其诚信为自己赢得市场。

在犹太人的经商历史中，他们尤其注重契约的履行。别看他们在谈生意时斤斤计较，为了一点点的利益可以和对方争论不休。不过一旦与他们达成了某种协议，不管是书面上的还是口头上的，犹太人都会竭尽全力地去完成。有的时候为了达成契约上面的要求，即使吃亏也照样完成。

从伦理学角度讲，诚信是一种道德资源，它可以引发商家对诚信的竞争；从经济学角度讲，诚信是一种无形资产，是“资本价值中的核心成本”。成熟的市场经济中，企业之间主要是品牌及服务的竞争。为此，诚信就成了资本价值中的核心竞争力。

诚信经商是犹太商法的灵魂，是商业活动的最高技巧。在现代商业世界，恪守信用已构成了许多企业的市场竞争手段。注重商业的诚信，视信誉为经商的生命，这是犹太人走遍世界各地都受到欢迎，让犹太人获得巨大财富的生命之源。